CB138019

FAÇA O HOJE VALER A PENA

JOHN C.
MAXWELL

FAÇA O HOJE VALER A PENA

O SEGREDO DO SEU SUCESSO
É DETERMINADO POR SUA AGENDA DIÁRIA

2ª Edição

BELLO
PUBLICAÇÕES

Edição publicada mediante acordo com FaithWords, New York, New York. Todos os direitos reservados.

Diretor
Lester Bello

Autor
John C. Maxwell

Título Original
Make Today Count: The Secret Of Your Success Is Determined By Your Daily Agenda

Tradução
Idiomas e Cia, por Silvia Calmon

Revisão
Idiomas e Cia, por Maurício Zágari

Design capa (Adaptação)
Fernando Duarte e Ronald Machado

Diagramação
Fernando Rezende

Impressão e Acabamento
Promove Artes Gráficas

BELLO PUBLICAÇÕES

Rua Vera Lúcia Pereira, 122
Goiania - CEP 31.950-060
Belo Horizonte/MG - Brasil
contato@bellopublicacoes.com
www.bellopublicacoes.com.br

© 2008 John Maxwell
Copyright desta edição:
FaithWords

Publicado pela Bello Com. e Publicações Ltda-ME. com devida autorização de FaithWords, New York, New York. Todos os direitos autorais desta obra estão reservados.

1ª Edição - Janeiro de 2009
4ª Reimpressão - Fevereiro 2014
Novo formato - fevereiro de 2022

Maxwell, John C.
M465 Faça o hoje valer a pena: o segredo do seu sucesso é determinado por sua agenda diária / John C. Maxwell; tradução de Idiomas e Cia. Belo Horizonte: Bello Publicações, 2012.

206 p.
Título original: Make Today Count
ISBN: 978.85.61721.14-5

1. Sucesso. 2. Agenda diária - Planejamento.
3. Planejamento estratégico. I. Título.

CDD: 158.1
CDU: 159.9

Todos os direitos reservados. Nenhuma parte desta publicação poderá ser reproduzida, distribuída ou transmitida por qualquer forma ou meio, ou armazenada em base de dados ou sistema de recuperação, sem a autorização prévia por escrito da editora.

SUMÁRIO

AGRADECIMENTOS

Gostaria de agradecer a:

Margaret Maxwell, que torna cada dia da minha vida excelente;
Charlie Wetzel, meu digitador;
Stephanie Wetzel, que prova e edita cada página do manuscrito;
e Linda Eggers, minha assistente.

INTRODUÇÃO

Faça do dia de hoje uma obra-prima

Como você descreveria sua vida? Você está alcançando o que deseja? Está realizando aquilo que lhe é importante? Você se considera um sucesso? Quais são suas perspectivas para o futuro? Se pudesse ir a sua casa e passássemos apenas um dia juntos, eu seria capaz de dizer se você será ou não bem-sucedido. A escolha da data ficaria a seu critério. Se eu acordasse com você pela manhã e ficasse ao seu lado durante todo o dia, observando-o por vinte e quatro horas, poderia lhe dizer em que direção vai sua vida.

Quando digo isso às pessoas nas conferências, sempre há reações expressivas. Algumas ficam surpresas. Outras, na defensiva, porque acham que eu estaria fazendo um julgamento precipitado a respeito delas. Algumas poucas se sentem irritadas, pois julgam que minha declaração soa arrogante.

Outras simplesmente ficam intrigadas e desejam saber por que fiz tal afirmação.

A resposta está no fato de que o segredo do seu sucesso é determinado pela sua agenda diária. Se você toma decisões-chave e depois as administra bem no seu dia a dia, será bem-sucedido.

Você nunca mudará sua vida até alterar algo em sua rotina. Entenda, o sucesso não ocorre de repente na vida de alguém, nem o fracasso. Ambos são um processo. Cada dia de sua vida é meramente uma preparação para o próximo. O que você se torna é resultado do que você faz hoje. Em outras palavras, **você está se preparando para algo**. A maneira que vive sua vida hoje o está preparando para seu amanhã. A questão é: para o que você está se preparando? Para o sucesso ou o fracasso? Como meu pai me dizia quando eu era criança: "Você pode se divertir agora e pagar depois ou pode pagar agora e se divertir depois. Mas de um jeito ou de outro, vai pagar".

A ideia é que você pode se divertir, pegar leve e fazer o que quiser hoje, mas, se agir assim, sua vida será mais difícil depois. Mas se você trabalhar duro hoje, se fizer isso primeiro, então colherá recompensas no futuro.

CRIANDO UMA OBRA-PRIMA

Você pode transformar cada dia de sua vida em uma obra-prima. Não é uma ideia tentadora? A questão é: como? O que é preciso para isso? Creio que existem dois ingredientes essenciais para fazer com que todo dia seja uma obra-prima: decisões e disciplina. São como os dois lados de uma mesma moeda; você poderia chamá-los de "estabelecimento de metas" e "concretização de metas". E essas duas coisas não podem estar separadas, porque uma não tem valor sem a outra. Digo isso porque...

Boas decisões - Disciplina diária =
Um plano sem resultados

Disciplina diária - Boas decisões =
Rigidez sem recompensa

Boas decisões + Disciplina diária =
Obra-prima em potencial

O tempo trata todos nós da mesma forma, mas nem todos nós tratamos o tempo da mesma forma. Ele é como um bloco de argila. Dê um para uma pessoa comum e no final você terá... um bloco de argila. Mas coloque-o na mão de um mestre escultor e veja o que acontece! O escultor vê o bloco com os olhos de um artista. Primeiro, ele decide o que aquilo será. Então ele trabalha como um disciplinado artesão até que tenha transformado uma pedra sem vida em uma obra-prima. Acredito que eu e você podemos nos tornar escultores. Podemos nos transformar em mestres da escultura, não de pedras, mas de nossas próprias vidas.

DECIDA BEM HOJE E TENHA UM AMANHÃ MELHOR

Parece óbvio que boas decisões ajudam a criar um amanhã melhor, ainda que muitos não consigam perceber a relação que há entre sua falta de sucesso e a má qualidade das decisões que tomaram. Algumas pessoas tomam decisões, experimentam consequências negativas e, por fim, se perguntam por que não conseguem progredir na vida. Nunca conseguem entender a razão. Outras sabem que suas decisões podem não ser boas para elas, mas ainda assim as tomam. É isso que acontece com um alcoólatra que continua bebendo excessivamente, ou com uma pessoa que se envolve em relacionamentos destrutivos consecutivos.

Ninguém disse que boas decisões são sempre simples, mas elas são necessárias para se alcançar o sucesso. Theodore Hesburgh, antigo reitor da Universidade de Notre Dame, chamou a atenção para o seguinte:

Você não toma decisões porque elas são FÁCEIS;
Você não toma decisões porque elas CUSTAM POUCO;
Você não toma decisões porque elas são POPULARES;
Você toma decisões porque elas são CERTAS.

Você começa a construir uma vida melhor quando determina que irá tomar boas decisões, mas só isso não é suficiente. Pensei muito a respeito do assunto, conversei com muitas pessoas bem-sucedidas e resumi a lista de áreas que são críticas para o sucesso em doze questões. Eu as chamei de "Os Doze Mandamentos Diários":

1. **Atitude**: escolher e demonstrar a atitude correta diariamente.
2. **Prioridades**: determinar e agir diariamente de acordo com as suas prioridades.
3. **Saúde**: conhecer e seguir orientações de saúde diariamente.
4. **Família**: comunicar-se e importar-se com sua família diariamente.
5. **Pensamento**: praticar e desenvolver bons pensamentos diariamente.
6. **Comprometimento**: fazer e manter propósitos adequados diariamente.
7. **Finanças**: ganhar dinheiro e administrá-lo de forma adequada diariamente.

8. **Fé**: aprofundar e viver minha fé diariamente.
9. **Relacionamentos**: iniciar e investir em relações sólidas diariamente.
10. **Generosidade**: planejar agir, e de fato agir com generosidade diariamente.
11. **Valores**: abraçar e praticar bons valores diariamente.
12. **Crescimento**: buscar e experimentar o aprimoramento diariamente.

Você poderá ser bem-sucedido se seguir esses doze mandamentos por meio de decisões corretas em cada área, e depois trabalhar para administrar essas decisões diariamente.

FAÇA O HOJE VALER A PENA

1

Atitude

Descobri a importância da atitude em 1964, quando tinha dezessete anos de idade. Meu treinador de basquete no ensino médio, Don Neff, me chamou em um canto no começo da minha última temporada e disse que gostaria que eu fosse o capitão do time. Eu estava animado, mas também um pouco surpreso, pois sabia que meu colega de equipe John Thomas jogava melhor do que eu. Mas, então, o treinador Neff disse algo que foi esclarecedor. "John", ele disse, "você tem a atitude mais positiva do time e isso influencia os outros jogadores".

Alguns meses depois, fui nomeado "Cidadão do Mês" na minha escola. Por quê? Mais uma vez, era por causa da minha atitude. Então isso se alastrou. Meus professores diziam que amavam minha postura. E isso estava tendo impacto sobre as pessoas ao meu redor. Foi aí que tomei uma decisão em relação à minha atitude: ***manterei uma atitude positiva e a usarei para influenciar outras pessoas.***

Muitas pessoas neste mundo acreditam erroneamente que sua atitude não é passível de mudança. Elas se tornaram tão habituadas à sua forma de agir que acreditam que não pode ser mudada. Encaram isso como uma das "cartas" marcadas que receberam no jogo da vida e com as quais precisam lidar, como seu peso e sua altura e um histórico de câncer na família. Mas isso não é verdade.

TOMANDO A DECISÃO DE ESCOLHER E DEMONSTRAR A ATITUDE CORRETA DIARIAMENTE

Sua atitude é uma questão de escolha. Se você decide tornar o seu dia uma obra-prima, então você precisa ter uma grande atitude. Se sua atitude não é boa neste momento, você precisa mudá-la. Tome esta decisão. Veja como fazer isso:

Tornando-se Responsável Por Sua Atitude

No nosso quinto ano de casamento, minha esposa Margaret e eu fomos a uma conferência de pastores, onde me pediram para ser um dos oradores. Ela também concordou em dar uma palestra para as esposas na sessão de abertura. Falar não é para ela uma paixão como é para mim. Margaret faz um bom trabalho, mas não sente tanto prazer nisso. Eu queria apoiá-la, então compareci à sessão. Durante o momento reservado para perguntas e respostas, uma mulher se levantou e perguntou: "O John a faz feliz?".

Tenho de admitir que estava realmente ansioso para ouvir a resposta de Margaret. Sou um marido atencioso e a amo muito. Que tipo de elogio ela me faria?

"Se John me faz feliz?", ponderou. "Não, não faz". Comecei a procurar qual seria a porta de saída mais próxima.

"Nos dois ou três primeiros anos de casamento," continuou, "pensei que me fazer feliz fosse algo que o John deveria fazer. Mas ele não me fez. Ele não era mau comigo ou algo do tipo. É um bom marido. Mas ninguém pode fazer outra pessoa feliz. Isso dependia de mim".

Recém-casada e aos vinte e poucos anos de idade, Margaret compreendeu algo que a maioria das pessoas nunca aprende: cada um de nós é responsável por sua própria atitude. Se você quer que hoje seja um bom dia, precisa assumir a responsabilidade pela maneira como irá encará-lo.

Decida Mudar As Áreas Nas Quais Você Tem Uma Atitude Ruim

Leio a tirinha do Charlie Brown no jornal há anos e sempre fui um grande fã dele. Lembro de uma em que Lucy anuncia: "Nossa, como estou rabugenta hoje".

Seu irmão mais novo, Linus, sempre ansioso por aliviar a tensão em casa, responde: "Talvez eu possa ser útil. Por que você não fica com o meu lugar aqui na frente da TV enquanto preparo para você um lanchinho gostoso? Algumas vezes todos nós precisamos de um pequeno agrado para ajudar a nos fazer sentir melhor". Então, Linus levou para ela um sanduíche, alguns biscoitos com gotas de chocolate e um pouco de leite.

"E aí, tem mais alguma coisa que possa pegar para você?", ele pergunta. "Tem algo mais no qual não pensei?". "Sim, tem uma coisa na qual você não pensou," Lucy responde. E então, repentinamente, ela grita: "Eu não quero me sentir melhor!".

Por muitos anos, o já falecido Charles Schulz desenhou as histórias de Charlie Brown. Parece que esse sempre foi um dos problemas de Lucy. Ela não queria mudar nas áreas em que tinha uma atitude negativa — e havia muitas!

Muitas pessoas são como ela. Eu mencionei que há coisas na sua vida que você não pode escolher, como seus pais, sua raça ou o lugar onde nasceu. Mas sua atitude é algo que pode mudar. E todo mundo tem pelo menos algumas áreas em sua mente que poderiam ser trabalhadas. Se você quer ter um dia melhor, precisa trabalhar essas áreas.

Pense, Aja, Fale e Comporte-se Como a Pessoa Que Você Quer se Tornar

Se você já foi a qualquer tipo de reunião de colégio daquelas que são feitas dez anos após a formatura, provavelmente já se surpreendeu com a transformação de um de seus antigos colegas: o esquisito que se tornou um advogado famoso, a menina sem sal que se parece agora com uma estrela de cinema, ou o *nerd* que fundou uma grande empresa. Como essas transformações acontecem? Cada uma dessas pessoas mudou a maneira de pensar a seu próprio respeito. Você as via como eram (ou como pensava que eram). Elas se viam de acordo com o que poderiam vir a ser. Então aprenderam a agir e adquiriram as habilidades da pessoa que quiseram se tornar. A transformação geralmente leva tempo; frequentemente é quase imperceptível para as pessoas que as veem todos os dias (da mesma forma que pais não veem mudanças em um bebê da forma que outros veem). Mas para alguém que não as vê há dez, vinte ou trinta anos, a transformação parece miraculosa, como a de uma borboleta que sai do casulo.

Se você deseja mudar a si mesmo então comece pela sua mente. Acredite que você pode melhorar, que pode se tornar a pessoa que deseja ser. Ralph Waldo Emerson disse: "O que está atrás e o que está diante de nós é uma questão menor se comparada ao que está dentro de nós". Se a sua maneira de pensar mudar, todo o resto pode mudar.

Valorize As Pessoas

Um dos segredos para se manter uma boa atitude é valorizar as pessoas. É impossível não gostar delas e ter uma boa atitude ao mesmo tempo. Pense por um instante: você já conheceu alguém que tratasse os outros mal, mas tivesse uma atitude positiva? Da mesma forma, você não pode ter uma atitude ruim e encorajar os outros ao mesmo tempo. Encorajar os outros significa ajudá-los, olhando para o que há de melhor neles e procurando fazer com que suas melhores qualidades venham à tona. Esse processo rapidamente espanta de sua mente os pensamentos negativos.

Aprenda a Apreciar a Vida

Você já conheceu pessoas que reclamam de tudo? Sua sopa está quente demais. Sua cama, fria demais. As férias, muito curtas. Seu salário, muito baixo. Você se senta lado a lado com elas em um banquete magnífico e, enquanto aproveita cada porção, elas lhe dizem o que há de errado com cada um dos pratos. Pessoas assim não apreciam a vida, não importa o quão boa ela seja.

Um amigo me enviou por *e-mail* a história de uma senhora de noventa e dois anos, muito "enxuta" e independente, que estava se mudando para uma casa de repouso. Como ela estava praticamente cega e seu marido de setenta anos havia falecido, a mudança era sua única opção. Esperou na recepção do estabelecimento por um longo tempo, até que finalmente lhe disseram que seu quarto estava pronto. Enquanto era conduzida pelo corredor, a atendente descreveu o quarto, em todos os detalhes.

"Amei", disse a senhora, entusiasmada.

"Mas você não viu o quarto ainda. Espere até vê-lo", respondeu a atendente.

"Não tem nada a ver com o quarto", retrucou. "A felicidade é algo que se decide antecipadamente. Eu gostar ou não do meu quarto não depende de como os móveis estão dispostos. Depende da disposição da minha mente".

Apreciar algo não é uma questão de gosto ou sofisticação, mas de perspectiva. John Wooden disse: "As coisas acontecem de uma forma melhor para aqueles que fazem o melhor com o que acontece". Comece com as pequenas coisas. Se você consegue apreciá-las e ser grato por elas, também será capaz de apreciar as coisas grandes — e todo o mais que há entre as coisas pequenas e as coisas grandes.

ADMINISTRANDO ATITUDES COM DISCIPLINA

Se você quer ser beneficiado pelas possibilidades que uma atitude positiva traz, é necessário fazer mais do que simplesmente decidir ter uma atitude positiva. Você também precisa administrá-la. Para mim, no que diz respeito a atitudes, isso significa uma coisa: ***todos os dias farei os ajustes necessários para manter a atitude certa***. Se isso é uma novidade para você, pode estar se perguntando como fazer isso. Aqui estão alguns direcionamentos para ajudá-lo na sua caminhada:

Reconheça que Sua Atitude Precisa de Ajustes Diários

Descobri que a atitude de alguém não tende a continuar sendo positiva de forma natural ou fácil. Por exemplo, uma fraqueza que me acompanha por toda a vida é a impaciência com as pessoas. Isso era um problema mesmo quando eu era jovem. Certa vez, na escola, quando a professora separou um dia para revisar a matéria antes da prova final, olharam-me torto quando perguntei: "Mesmo se já soubermos a matéria temos que vir para a revisão?". Até hoje continuo lutando contra a minha impaciência. Todo dia me pergunto: "Fui impaciente com alguém?". Quando a resposta é *sim*, peço perdão à pessoa. Tive de fazer isso mais vezes do que gostaria de admitir.

Como acontece com qualquer área em que precisamos de disciplina, sua atitude não mudará sozinha. É por isso que você precisa trabalhar nela diariamente. Quanto mais forte for sua tendência a ser pessimista ou crítico, mais cuidadoso você terá de ser com sua atitude. Comece cada dia checando sua maneira de agir. E procure por sinais que indiquem possíveis problemas.

Veja o Lado Positivo de Tudo

Há pouco tempo, encontrei por acaso uma oração que achei maravilhosa. Ela dizia:

> Amado Senhor,
> Até agora estou me saindo bem. Não fiz fofocas, não perdi a paciência, não fui ganancioso, resmungão, desagradável, egoísta, nem senti pena de mim mesmo. Não choraminguei, xinguei nem comi chocolate. Mas ***me levantarei da minha cama*** em alguns minutos e precisarei de muito mais ajuda depois disso. Amém.

Talvez não seja sempre fácil, mas se realmente se esforçar, você pode encontrar algo bom até no meio de situações difíceis. Em Sorria de Novo, meu amigo Charles Swindoll explica que, quando perguntaram a Madre Teresa o que era necessário para que alguém trabalhasse com ela junto aos miseráveis de Calcutá, ela citou duas coisas: o desejo de dar duro e uma atitude alegre. Se aquela mulher pôde esperar que alguém se sentisse feliz entre pessoas extremamente pobres e à beira da morte, certamente também podemos nos sentir da mesma forma dentro das circunstâncias em que vivemos.

Encontre Sempre Alguém Positivo

Não há nada melhor para manter uma atitude positiva do que ter um aliado. O mundo está cheio de pessoas negativas; na verdade, elas frequentemente andam em grupo. Mas, em todo lugar, também há pessoas positivas. Você as verá com frequência. Elas estão sempre planando acima das negativas — como águias. Quando encontrar alguém assim, vá atrás dela. Se você está vivendo um momento difícil, aproxime-me e fique "colado" nela, como os corredores fazem, e aproveite o vácuo. Se estiver tendo dificuldade, será sua vez de tomar a dianteira e facilitar as coisas para ela. É muito mais fácil duas pessoas com atitude positiva lutarem contra as tristezas do que uma sozinha.

Diga Algo Positivo em Todas as Suas Conversas

Tentei adquirir o hábito de incluir comentários positivos em todas as minhas conversas. Comecei a fazer isso com as pessoas mais próximas. Quando a minha esposa está linda (o que acontece com frequência), digo isso a ela. Demonstro minha admiração pelos meus filhos todas as vezes que os vejo. E me desmancho em elogios sempre que vejo meus netos. Mas não paro por aí. Elogio sinceramente, demonstro admiração, reconhecimento e apoio às pessoas sempre que posso. Isso é tão bom para mim como para elas. Realmente recomendo essa atitude e sei que você pode aprender a tê-la também.

Elimine as Palavras Negativas do Seu Vocabulário

Meu pai se aposentou por volta dos setenta e cinco anos, após passar a vida inteira trabalhando com a arte da oratória. Veio de uma família modesta e por isso estava sempre se esforçando para melhorar e progredir. Quando eu era pequeno, ele costumava pagar dez centavos a meu irmão, Larry, e eu para cada erro gramatical que percebêssemos que estava cometendo enquanto pregava. Esse é só um exemplo de como ele estava sempre buscando se aperfeiçoar (suspeito que meu pai também fazia isso para que eu e meu irmão aperfeiçoássemos nossos conhecimentos gramaticais).

Podemos fazer algo similar no que diz respeito a nossa atitude. Você, ou alguém a quem pedir ajuda, pode procurar por palavras negativas no seu vocabulário para tentar eliminá-las. Aqui está uma lista inicial:

Elimine estas palavras	**Substitua por estas**
Não posso	Posso
Se eu pudesse fazer	Eu farei
Eu não sei	Eu sei
Não tenho tempo	Arrumarei tempo
Talvez	Com certeza
Estou com medo	Estou confiante
Eu não acredito	Tenho certeza

Se você procurar continuamente adotar o que é positivo em sua vida e eliminar o que é negativo, vai ajudar a fazer com que seus pensamentos sejam positivos todos os dias.

Demonstre sua Gratidão aos Outros Diariamente

De todas as virtudes, a gratidão parece ser a menos demonstrada. Com que frequência as pessoas param o que estão fazendo para agradecer? Com que frequência você recebe um bilhete de agradecimento quando presenteia alguém?

O mais importante: com que frequência agradece aos outros? Quando já temos aquilo que queremos, não costumamos valorizar quem nos proporcionou tê-las.

Alguns anos atrás, a apresentadora de TV americana Oprah Winfrey encorajou seus milhares de telespectadores a manter um diário de gratidão. Continuarmos sendo gratos nos ajuda a ter uma atitude mais positiva. E ter uma atitude positiva faz com que pensemos nas coisas boas, em vez de nas ruins. É um ciclo positivo que mantém você abastecido.

Sua Decisão em Relação à Sua Atitude Hoje

Qual a sua posição em relação à sua atitude hoje? Pergunte-se estas três coisas:

1. Já tomei a decisão de escolher e demonstrar a atitude correta diariamente?
2. Em caso afirmativo, quando tomei essa decisão?
3. O que decidi exatamente?

Disciplinando sua Atitude Diariamente

Com base na decisão que tomou no que diz respeito à sua atitude, qual disciplina você precisa praticar *hoje e sempre* para ser bem-sucedido?

2

Prioridades

Assim que me formei na faculdade e comecei minha carreira, não estava trabalhando naquilo que gostaria. Nos anos 60, quando comecei minha preparação para o ministério, grande parte do meu curso era voltado para a área administrativa e de aconselhamento. Então, quando comecei a trabalhar, em 1969, adivinhe o que eu passava a maior parte do tempo fazendo? Exatamente: aconselhando e administrando. Nada poderia estar mais longe dos meus talentos e das minhas inclinações naturais. Apesar de trabalhar duro, não me sentia realizado e não estava sendo eficiente.

Como queria me aperfeiçoar e desenvolver habilidades que não havia adquirido na faculdade, em 1971 comecei a estudar administração. Enquanto lia algo para um dos cursos, me deparei com um parágrafo escrito por um economista italiano chamado Vilfredo Pareto. Ele continha informações sobre aquilo que devemos priorizar, o chamado *Princípio Pareto*. Esse princípio dizia que, focando sua atenção nos vinte por cento mais importantes de suas prioridades, você obteria oitenta por cento de retorno do seu esforço. Esse foi meu momento "eureca"! Foi quando tomei a seguinte decisão: ***em minha vida priorizarei, me concentrarei e gastarei minha energia com aquelas coisas que me dão maior retorno.***

Nunca mais me vi ou encarei o meu trabalho da mesma forma. Percebi que preciso focar oitenta por cento do meu tempo, da minha energia e dos meus recursos em meus pontos fortes e não em aconselhamento e administração. Essas atividades não são ruins. Só eram ruins para mim. A partir do momento em que tomei essa decisão, passei a ser um praticante do Princípio Pareto e o tenho ensinado a outras pessoas há trinta e dois anos (se você quer ler mais profundamente sobre isso, leia o meu livro *Desenvolva Sua Liderança)*.

Durante a maior parte do tempo, isso me manteve focado e nos trilhos, mas, quando comecei a aplicar o princípio, nem sempre os resultados eram os esperados. Margaret e eu ainda rimos quando lembramos de quando ela pediu que eu começasse a ajudá-la a cortar a grama. "Margaret", disse, logo depois de ter aprendido o Princípio Pareto, "não quero perder o meu tempo com isso. Estou tentando me manter focado. Podemos pagar alguém para cortar a grama". Margaret me olhou e respondeu, "Pagar com o quê?". Demos um jeito, mas aquele foi um momento determinante para nós. Dali em diante, tentei me focar naquelas coisas que são importantes sem me desviar delas.

TOME A DECISÃO DE DETERMINAR QUAIS SÃO AS PRIORIDADES MAIS IMPORTANTES E DE AGIR DE ACORDO COM ELAS

Se você deseja mudar a forma como se vê e a forma como age quando toma decisões a respeito de suas prioridades, faça o seguinte:

Assuma o Controle Sobre o Dia De Hoje

Você já notou como pessoas que não têm nada para fazer normalmente querem gastar o tempo que têm com você? O poeta Carl Sandburg disse: "O tempo é a moeda mais preciosa que você tem. Você e mais ninguém irá determinar como essa moeda será gasta. Tome cuidado para não deixar que outras pessoas gastem o que é seu".

Seu bem mais precioso são as 24 horas que você tem diante de você. Como você as gastará? Cederá às pressões ou se concentrará nas prioridades? Você permitirá que e-mails e tarefas sem importância, telefonemas de telemarketing, interrupções e outras distrações consumam o seu dia? Ou será completamente responsável pela maneira como gasta seu tempo, retomará o controle das coisas que pode controlar e tomará posse do seu dia de hoje? Se não decidir como gastará as horas de seu dia, outra pessoa fará isso por você.

Pergunte-se Três Coisas

Nenhum dos *Doze Mandamentos Diários* foi mais importante para o meu sucesso do que o princípio da prioridade. Quando descobri que precisava mudar o modo como encarava meu dia e minha carreira, comecei fazendo três importantes perguntas a mim mesmo:

1. **O que é *exigido* de mim?** Qualquer estabelecimento realista de prioridades começa por um estabelecimento realista do que precisa ser feito. O que é necessário para que você seja um bom cônjuge ou um bom pai? Para atender as expectativas do seu chefe, o que é preciso ser feito? Se você lidera outras pessoas, deve então se perguntar: o que você faz que não pode de forma alguma delegar? Quando estiver organizando suas prioridades, comece sempre por essa pergunta e pense nela cuidadosamente antes de pular para a próxima.

2. **O que me oferece o maior *retorno*?** À medida que progride em sua carreira, você começa a descobrir que algumas atividades garantem um retorno muito maior pelo esforço feito do que outras (qualquer pessoa que ainda não descobriu isso provavelmente não está progredindo na carreira!). O próximo ponto que deve ser o foco de sua atenção são essas atividades que oferecem um maior retorno.

3. **O que me proporciona a maior *recompensa*?** Se você faz apenas aquilo que precisa fazer e o que é eficaz será alguém extremamente produtivo, mas não necessariamente alguém realizado. É importante também considerar aquilo que lhe proporciona satisfação pessoal. Entretanto, percebo que algumas pessoas querem começar pela recompensa e não desejam considerar as outras questões. Alguém que não seja disciplinado o suficiente para cuidar das duas primeiras áreas antes de se ocupar da terceira não pode ser bem-sucedido.

O filósofo William James disse: "A arte de ser sábio é a arte de saber deixar de lado determinadas coisas". Se você se concentrar em suas prioridades respondendo a essas três perguntas, terá uma percepção muito melhor daquilo que deve ser deixado de lado.

Concentre-se em Seus Pontos Fortes

As pessoas não pagam pelo que é razoável. Não procuram por restaurantes medíocres ou filmes medianos quando saem à noite. Patrões não entregam contratos a vendedores medíocres. Ninguém diz "vamos contratar a empresa que fará um trabalho razoavelmente bom".

Foi ótimo para a minha igreja o dia em que parei de aconselhar as pessoas e de ficar todo enrolado com detalhes administrativos. Mas precisei de algum tempo até descobrir qual era meu ponto forte. Se você ainda não conhece bem seus pontos fortes, talvez queira explorar algumas destas sugestões:

- Tentativa e erro: nada ensina mais do que seus erros e acertos. Toda vez que tiver a sensação de que há apenas tentativas e muitos erros, provavelmente é hora de tentar algo novo. Mas você tem de assumir o risco de falhar se quiser alcançar o sucesso.
- Conselhos: pedir que outras pessoas avaliem seu desempenho às vezes não é divertido, mas é sempre útil. Certifique-se de escolher pessoas que estejam completamente comprometidas em ajudar você.
- Testes de personalidade: esse tipo de avaliação pode ser muito útil. Ele ajudará a esclarecer algumas das suas inclinações naturais e a revelar pontos fortes e fracos que você ainda não conhece.
- Experiência pessoal: você realmente consegue perceber se faz algo bem quando o faz seguidamente. Lembre-se: a experiência não é a melhor professora — a análise da experiência é!

O primeiro-ministro britânico William Gladston disse: "Ele é um homem sábio que não gasta energia buscando tarefas paras as quais não é adequado; e ele é ainda mais sábio porque, entre as coisas que faz bem, escolhe e de forma resoluta persegue aquilo que faz melhor". Quanto mais você explora seus pontos fortes, maior é sua produtividade e maior sua capacidade de alcançar seu potencial.

ADMINISTRANDO SUAS PRIORIDADES DE FORMA DISCIPLINADA

Uma das coisas que percebi logo que decidi quais eram minhas prioridades foi que elas mudam muito facilmente. Por isso devem ser constantemente reavaliadas e respeitadas. O que me ajuda a lembrar que devo administrar minhas prioridades de forma disciplinada é esta frase: ***viverei todos os dias de acordo com as minhas prioridades***. O que isso significa? Cinco coisas:

1. Avalie suas prioridades diariamente

Um homem foi à final do campeonato de futebol americano e subiu até a última fila de cadeiras da última arquibancada para chegar ao seu lugar. Depois que o jogo começou, viu um lugar vazio na linha de quinze jardas. Depois de ter dado um jeito de chegar até lá, perguntou ao homem na cadeira ao lado: "Desculpe-me, mas tem alguém sentado aqui?"

"Não," respondeu. "Na verdade, esse assento é meu. Minha esposa deveria vir comigo, mas ela morreu. Esta é a primeira à final do campeonato de futebol americano em que não estamos juntos desde que nos casamos, em 1967."

"Isso é muito triste. Mas, ainda assim, não tinha mais ninguém que pudesse se sentar neste lugar — um parente ou amigo próximo?"

"Não", o homem respondeu, "estão todos no funeral".

Prioridades não são imutáveis, por isso você precisa revê-las todos os dias. Por quê? Porque todos os dias as circunstâncias ao nosso redor mudam. Seus valores, uma vez definidos, se manterão firmes. Você poderá se apoiar neles. Mas a forma como irá lidar com eles precisa ser flexível.

2. Planeje cuidadosamente seu tempo

De acordo com uma pesquisa feita pela empresa *DayTimers*, apenas um terço dos americanos que trabalham planeja sua agenda diariamente. E apenas nove por cento seguem o planejado e cumprem a agenda. Se você quer ser eficiente, precisa conseguir planejar. Planejo quarenta dias do meu calendário de uma só vez. Mas quando me preparo para começar um dia, tenho tudo pronto. Hora por hora. É raro um dia em que me levanto pela manhã me perguntando o que farei — mesmo quando estou de férias.

3. Siga seus planos

Não quis insultar sua inteligência sugerindo que você seguisse seu plano, mas preciso dizer isso. De acordo com o especialista em administração de tempo Alec Mackenzie, pesquisas mostram que a maioria dos executivos não sabe quais são suas tarefas mais importantes até o meio da tarde. Por quê? A maioria cumpre tarefas menos importantes para terem a sensação de que algo foi realizado.[1]

O romancista alemão Johann Wolfgang Von Goethe diz: "As coisas que mais importam nunca devem estar à mercê daquelas que menos importam". Se você estabelecer prioridades em sua vida e planejar o seu dia, mas não seguir o planejamento, terá os mesmos resultados de quem não possui quaisquer prioridades.

4. Delegue sempre que possível

Observo que, quando se trata de delegar, as pessoas se encaixam em uma das duas categorias: controladores e displicentes. Controladores se recusam a abrir mão do controle de qualquer coisa que consideram importante — independentemente de serem a melhor pessoa para realizar a tarefa ou não. Displicentes se livram rapidamente das tarefas e não gastam muito tempo pensando se o seu esforço para delegar as tarefas será bem-sucedido. Seu objetivo é esvaziar logo suas mesas de trabalho.

Como você descobre qual a forma certa de delegar? Quando se deve abrir mão de algo e quando não se deve? Este é o critério que uso: se alguém pode cumprir a tarefa que estou cumprindo oitenta por cento tão bem como eu, então abro mão. Isso é realmente muito bom. E se eu fizer um bom trabalho motivando, encorajando e recompensando as pessoas, elas se aperfeiçoarão. Delego responsabilidades usando esse padrão e, depois de um tempo, a pessoa que se torna responsável pela execução do trabalho passa a fazê-lo muito melhor do que eu. Quando isso acontece, é muito gratificante.

Hoje sou cercado por pessoas em minha equipe que fazem coisas muito melhor do que eu. Elas compensam meus pontos fracos e excedem minhas expectativas em outras áreas. Elas me elevam a um nível que eu jamais poderia chegar sozinho e me permitem concretizar minhas prioridades.

O conselho do especialista em administração Peter Duck é bom: "Nenhum executivo teve problemas porque seus subordinados eram fortes e eficientes".

5. Invista nas pessoas certas diariamente

Há mais uma área a que quero fazer referência no que diz respeito a prioridades: a necessidade de priorizar como gastamos nosso tempo com as pessoas. Meu amigo Waylon Moore observou que com frequência "priorizamos passar tempo com pessoas cheias de problema enquanto deveríamos passar tempo com pessoas cheias de potencial". Creio que isso é verdade.

Quais são seus critérios para decidir com quem você passa seu tempo? Certamente, queremos tratar todos com respeito e tentar ter um relacionamento bom e positivo com todo mundo. Mas não deveríamos passar a mesma quantidade de tempo com todo mundo. Aqui está o que uso para avaliar onde devo investir meu tempo:

- Importância para a equipe
- Habilidade natural
- Responsabilidade
- Sincronia
- Potencial
- Aptidão para ser liderado

O tempo que você passa com as pessoas pode ser um excelente investimento. Escolha em quem vai investir e, então, agregue valores a essas pessoas de forma consistente. Você jamais se arrependerá.

Sua Decisão em Relação às Prioridades Hoje

Em que posição você está no que diz respeito às suas prioridades hoje? Pergunte-se estas três coisas:

1. Eu já tomei a decisão de determinar e agir de acordo com as prioridades mais importantes diariamente?
2. Em caso positivo, quando tomei essa decisão?
3. O que exatamente decidi?

Disciplinando suas Prioridades Diariamente

Baseado na decisão que tomou em relação às suas prioridades, qual disciplina você precisa praticar *hoje e sempre* para ser bem-sucedido?

3

Saúde

Preciso começar este capítulo fazendo uma confissão. Normalmente, quando as pessoas escolhem um livro, principalmente um livro que contém conselhos, elas esperam que o autor seja um especialista em todas as áreas sobre as quais escreve. Isso não é verdade a meu respeito quando o assunto é saúde.

Por muito tempo, fui insuficiente em minha vida nesta área. Foi mesmo uma questão de negligência mais do que qualquer outra coisa. Sempre fui forte como um cavalo. Em trinta anos trabalhando como orador, primeiro por ser pastor e depois ao me tornar líder de conferências e seminários, nunca perdi um compromisso por motivos de saúde. Nunca fico doente e sempre tive muita energia. Mesmo quando tinha de trabalhar até a exaustão, ainda havia energia de sobra.

Vivia uma vida em ritmo acelerado. Durante dez anos, tive dois empregos que exigiam muito de mim. Liderava uma igreja com mais de três mil pessoas, cerca de cinquenta funcionários e um orçamento de mais de cinco milhões de dólares por ano. E, ao mesmo tempo, liderava uma organização de desenvolvimento de liderança, o que fazia com que eu tivesse de viajar por mais de cem dias no ano para falar às pessoas.

Manter uma vida nesse ritmo significa que quase nunca me exercitava, não me alimentava bem e estava acima do peso. Mas não me preocupava. Todos os anos eu fazia um exame físico e recebia um excelente relatório do médico. Então, simplesmente achava que não precisava me preocupar com minha saúde.

Tudo isso mudou em 18 de dezembro de 1998. Foi a noite da festa de Natal anual de meus funcionários e seus cônjuges. No fim da festa, não estava me sentindo bem. Um de meus colaboradores me deu um abraço de boa noite e sentiu que um suor frio escorria atrás do meu pescoço. Então senti uma dor insuportável no peito, que me fez cair de joelhos. Eu nunca havia sentido nada igual. Enquanto me deitavam no chão esperando os paramédicos, parecia que havia um elefante em cima do meu peito. Estava grato por Margaret, nossos filhos e muitos de nossos amigos mais íntimos estarem ali comigo naquela festa, porque achei que não sobreviveria.

Quando cheguei ao hospital, me disseram que estava tendo um grave ataque do coração. Nas horas seguintes, enquanto ficava deitado na sala de emergência e os médicos tentavam diferentes tipos de tratamento, que pareciam não estar funcionado, minha assistente, Linda Eggers, deu um telefonema. Seis meses antes, um cardiologista chamado John Bright Cage almoçou comigo e compartilhou sua preocupação com minha saúde. No final de nossa conversa ele disse que, se algum dia precisasse de sua ajuda, poderia ligar para ele, a qualquer hora do dia, inclusive para sua casa. Então, mesmo sendo duas da manhã, Linda telefonou para ele. Menos de uma hora depois, entrou pela porta o Dr. Jeff Marshall e alguns de seus colegas, anunciando: "O time de primeira linha está aqui". Dr. Cage ligou para um dos melhores cardiologistas de Atlanta e pediu que me ajudasse.

Nas primeiras horas da manhã, Dr. Marshall executou um procedimento para a remoção de um coágulo que estava em meu coração. Ele salvou minha vida. Depois, explicou que realizou um procedimento novo, que havia sido desenvolvido há pouco tempo. Se eu tivesse tido aquele enfarte um ou dois anos antes, teria morrido!

Enquanto me recuperava no hospital, senti-me extremamente privilegiado por estar vivo. Doenças cardiovasculares são a maior causa de mortes nos Estados Unidos e na Europa.[2] Mas eu não descobri o quão era abençoado até o Dr. Marshall me dizer que não houve qualquer dano permanente ao meu coração. Isso queria dizer que poderia me recuperar totalmente.

Ele me explicou que aqueles que sofrem ataque cardíaco em idade não muito avançada (e aprendem com isso) geralmente vivem mais e de forma mais saudável do que aqueles que nunca tiveram um ataque. A chave para que eu tivesse um futuro saudável seria estar disposto a decidir mudar minha maneira de viver e me manter firme em minha decisão. Então, aos cinquenta e um anos, tomei esta decisão a respeito da minha saúde: ***serei mais cuidadoso comigo, me exercitando e me alimentando de forma saudável.***

TOMANDO A DECISÃO DE CONHECER E SEGUIR CONSELHOS DE SAÚDE DIARIAMENTE

Se você sabe o valor de se ter uma boa saúde, ainda que ache difícil se comprometer a conhecer e seguir conselhos sobre o tema, aqui estão algumas sugestões para que sua atenção se volte para esse assunto e permaneça focada:

Tenha Um Propósito De Vida Que Valha A Pena

Nada é melhor para ajudar alguém a fazer o que é certo do que ter perspectiva. Quando sua existência tem um propósito, isso não apenas faz com que deseje ter uma vida longa, mas também o ajuda a ver a importância das suas decisões ao longo dela. Ter uma perspectiva mais abrangente nos ajuda a deixar de lado pequenas coisas que nos irritam.

É difícil encontrar motivação para viver o momento quando não se tem esperança com relação ao futuro. O senso de propósito ajuda a tomar a decisão de mudar e então continuar tendo a disciplina necessária para fazer dessa mudança algo permanente. Descobri que isso é verdade depois do meu ataque cardíaco. Um amigo que passou muito tempo comigo enquanto eu me recuperava me viu recusar muitas vezes a sobremesa — algo que não era comum — e finalmente me perguntou: "Você não gosta mais de doces?" "Continuo gostando," respondi, "mas gosto mais ainda da vida".

Trabalhe em Coisas de Que Goste

Uma das maiores causas de níveis de estresse debilitantes na vida das pessoas é trabalhar naquilo que não lhes proporciona prazer. É como disse uma vez a comediante Lily Tomlin: "O problema com a corrida de ratos é que, mesmo que você ganhe, continuará sendo um rato". Acredito que são duas as principais frustrações que contribuem para o estresse. A primeira é trabalhar com algo que você não considera importante. Se exerce um trabalho que em sua opinião não agrega qualquer tipo de valor a você ou a outras pessoas, rapidamente começa a se sentir desmotivado. Se trabalha nesse esquema durante muito tempo, isso começa a cansá-lo. Para continuar saudável, você precisa estar alinhado com seus valores.

Outro motivo pelo qual as pessoas não gostam de seus trabalhos é porque fazem coisas que põem em evidência seus pontos fracos. Ninguém pode fazer isso por muito tempo e ser bem-sucedido. Por exemplo, a maioria das pessoas odeia falar em público. Como você se sentiria se tivesse que ficar diante de uma plateia e falar com ela todos os dias? Esse é o maior medo de algumas pessoas. Mas, para mim, não há maior alegria. Depois de falar por seis ou sete horas em uma conferência, não me sinto cansado. Sinto-me cheio de ânimo! Falar em público me enche de energia.

Uma forma de saber se você está trabalhando em uma área para a qual tem aptidão é observar se esse trabalho lhe dá energia. Mesmo se estiver começando sua carreira ou investindo em uma nova frente de trabalho e não for muito bom em algo que estiver fazendo, ainda assim pode perceber se essa é uma área para qual tem aptidão prestando atenção em como reage quando falha. Erros que o desafiam mostram seus pontos fortes. Erros que fazem com que se sinta ameaçado mostram seus pontos fracos.

Descubra seu Ritmo

Mickley Mantle disse: "Se soubesse que ia viver por tanto tempo, teria cuidado melhor de mim". Essa afirmação poderia ser aplicada a muitas pessoas à medida que envelhecem.

Cuidar-se inclui, em parte, descobrir e manter o ritmo correto. Se você leva a vida mais lentamente do que seu nível de energia é capaz, pode se tornar preguiçoso. Se continuamente corre mais rápido do que é capaz, pode ficar esgotado. Você precisa encontrar seu equilíbrio.

Como já mencionei, sempre fui uma pessoa cheia de energia e sempre achei que não houvesse nada que não pudesse fazer. Mas, em 1995, quando tinha quarenta e sete anos de idade, estava tão cansado de liderar a igreja e minha organização que tive um esgotamento. Eu amava as duas coisas, mas fazê-las simultaneamente por mais de uma década estava finalmente começando a pesar.

Um dia disse a Margaret: "Não posso continuar fazendo isso. Tenho que desistir de um dos dois". Havia anos que ela me aconselhava a reduzir minha agenda, mas ainda assim ficou chocada com a afirmação.

"John", ela disse, "em todos esses anos, é a primeira vez que escuto você dizer que está exausto".

Ainda hoje, com cinquenta e sete anos, tenho a tendência a acumular coisas demais e caminhar em um ritmo mais acelerado do que aquele que seria realmente bom para mim. Existem tantas oportunidades que não quero perder, livros que almejo escrever e pessoas que quero ajudar que constantemente estou tentando alcançar um equilíbrio entre meu desejo de manter um ritmo que seja saudável e meu anseio por realizar tudo o que for possível enquanto estiver vivo.

Aceite seu Valor Pessoal

Nas semanas e meses que se seguiram ao ataque terrorista ao World Trade Center, em Nova York, a música "God Bless America" ("Deus abençoe a América") tornou-se novamente popular e foi repetidamente cantada em jogos esportivos e outros eventos. Essa canção foi escrita por Irving Berlin, criador de muitos sucessos populares da Broadway, como "White Christmas", "Easter Parade", "Puttin' on the Ritz" e "There's No Business Like Show Business". Quando morava em San Diego, lembro de ter lido uma entrevista com Berlin em um jornal chamado *Union Tribune*, na qual Don Freeman perguntava ao compositor se havia alguma pergunta que ele gostaria que alguém o fizesse. Berlin respondeu: "Sim, há uma. 'O que você acha das suas músicas que não viraram grandes sucessos?' Minha resposta seria: 'Eu continuo achando cada uma delas maravilhosa!'".

Berlin tinha uma boa autoestima e confiança em seu trabalho, independentemente de ele ser aceito ou não pelas pessoas. Isso certamente não acontece com todos. Na verdade, uma autoimagem ruim ou distorcida é a causa de muitos problemas que precisam de tratamento médico, desde o uso de drogas e o alcoolismo até distúrbios alimentares e obesidade.

O psicólogo Joyce Borthers diz: "A autoimagem de um indivíduo afeta todos os aspectos do comportamento humano, como a habilidade de aprender, a capacidade de crescer e mudar e a escolha de amigos, colegas e carreiras. Não é exagero dizer que uma autoimagem forte e positiva é a melhor forma de se preparar para o sucesso na vida". Se sua autoimagem está levando você a fazer coisas que influenciam sua saúde de forma negativa, procure por ajuda.

Riso

O médico Bernie S. Siegel escreveu em seu livro *Paz, Amor e Cura*: "Fiz uma pesquisa e odeio ter de lhes dizer, mas todo mundo morre — os que amam, os que se exercitam, os que não fumam e os vegetarianos. Estou lhes falando isso para que alguns de vocês que correm às cinco da manhã e comem vegetais possam dormir tarde e comer um sorvete de casquinha de vez em quando".[3]

Nunca devemos levar a vida ou nós mesmos muito a sério. Cada um de nós possui particularidades que podem nos levar ao desespero ou ao riso. Por exemplo, não entendo nada sobre ferramentas ou tecnologia. Não sou um "faz-tudo" — não levo jeito para isso. Mas não deixo que isso me incomode. Se você puder rir de si mesmo em alto e bom som com frequência, descobrirá que isso é libertador. Não há maneira melhor de evitar o estresse do desgaste emocional.

ADMINISTRANDO SUA SAÚDE DE FORMA DISCIPLINADA

Para algumas pessoas, ser disciplinado no que diz respeito à saúde é fácil. Meu amigo Bill Haybels parece lidar bem com isso. Ele se alimenta bem, corre regularmente e consegue manter seu peso. Antes de eu ter meu ataque cardíaco, por anos ele costumava me desafiar a cuidar melhor de mim mesmo. Brincava com os amigos que enquanto ele estava comendo comida de passarinho eu me deleitava com filés e sobremesas maravilhosas. Ele estava certo ao dizer que aquilo cedo ou tarde me prejudicaria. Apesar de grande parte do meu problema ser hereditário, meu estilo de vida piorou as coisas.

Depois de buscar ajuda com o Dr. Marshall após o meu ataque cardíaco, adquiri uma nova disciplina: *todos os dias comerei comida com baixo teor de gordura e farei exercícios por pelo menos 35 minutos*. Embora não tenha sido bem-sucedido nessa área nos primeiros cinquenta anos da minha vida, estava determinado a ser pelo resto dela que ainda restava. Margaret e eu aprendemos tudo o que pudemos sobre problemas de coração, dietas de baixa caloria e exercícios. Tornei-me um modelo de disciplina. E, em maio de 2001, quando visitei o Dr. Marshall, ele me parabenizou. "John", disse, "você está fazendo tudo certo. Não precisa mais se considerar uma pessoa com problema de coração".

Gostaria de nunca ter ouvido aquelas palavras. Adoro comer e tenho uma inclinação para o vício da comida. Por causa das boas notícias que recebi do Dr. Marshall, me dei permissão para, de vez em quando, passar a perna na minha dieta — algo que nunca tinha feito durante dois anos e meio. Algumas semanas depois, Margaret e eu fomos a Londres de férias com amigos e comi algumas coisas nas quais não havia sequer tocado durante todo aquele tempo. Amei cada momento, principalmente aqueles em que comi peixe frito com batata frita.

O problema é que desisti de administrar minha vida de acordo com a decisão que havia tomado. Relaxei e não fui mais tão disciplinado. Uma vez não estando cem por cento comprometido, me meti em encrencas. Precisava manter minha dieta e fazer exercícios todos os dias. Mas comecei a vacilar alguns dias — quase todos — até passar a pisar na bola diariamente. Esqueci aquilo que eu mesmo ensino: o hoje importa. Negligencie alguns dias e você experimentará "aquele dia" que tanto quer evitar!

A boa notícia é que voltei a andar nos trilhos. Comprometi-me novamente com minha disciplina diária. A má notícia é que agora só faço 80% do que fazia antes. Dr. Marshall está me ajudando e ele sabe que às vezes o melhor remédio são umas boas sacudidas. Ainda continuo lutando na área de saúde, mas estou determinando a vencer.

Enquanto combato o bom combate, espero que você se junte a mim fazendo as seguintes coisas todos os dias:

Alimente-se Corretamente

Mark Twain disse: "A única maneira de se manter saudável é comer aquilo que não se quer, beber aquilo que não se gosta, e fazer aquilo que preferiria não fazer". Twain estava sendo cínico, mas há um fundo de verdade no que ele disse. Se pudéssemos escrever nossas próprias regras de alimentação, acho que elas seriam:

1. Se ninguém está vendo o que você está comendo, aquilo não é calórico.
2. Se você toma refrigerante light com uma barra de chocolate, as calorias automaticamente desaparecem.
3. Se estiver comendo com um amigo e ambos comerem a mesma quantidade, as calorias não surtem efeito em nenhum dos dois.
4. São permitidos todos os alimentos usados com propósito medicinal, como chocolates, tortas e conhaque.
5. O segredo para tornar-se mais magro é fazer com que as pessoas ao seu redor engordem.

A chave para uma alimentação saudável é a moderação e o controle diário do que se come. Não confie em dietas-relâmpago. Não se preocupe com aquilo que você comeu ontem. Não adie o início de uma boa alimentação até amanhã. Apenas tente comer aquilo que é bom para você no momento. Concentre-se no agora.

Se não tem certeza do que está fazendo ou do que deveria (e não deveria) estar comendo, procure um médico. Ele lhe dirá se está fazendo as coisas direito e como pode mudar sua dieta.

Exercício

A maioria das pessoas que conheço ou amam exercitar-se e malham excessivamente ou odeiam exercícios e os evitam ao máximo. Ainda assim, exercitar-se regularmente é uma das chaves para a boa saúde. Dr. Ralph S. Paffenberger, pesquisador da área de epidemiologia e médico da Universidade da Califórnia em Berkeley, é pioneiro em estudos que revelam o impacto do exercício na saúde. Paffenberger afirma:

> Sabemos que estar em forma é uma maneira de nos protegermos de doenças coronárias cardíacas, hipertensão e derrame, diabetes do tipo B, obesidade, osteoporose, provavelmente câncer no cólon e talvez outros tipos de câncer e depressão. Exercitar-se tem um impacto enorme na qualidade de vida.[4]

Paffenberger, que correu 151 maratonas, garante que o exercício é benéfico para pessoas de todas as idades.

Uma das coisas mais difíceis quando o assunto é exercitar-se é que a recompensa em curto prazo parece muito pequena. Você se pesa depois de fazer exercícios. Nada. Você se exercita no dia seguinte. Nada. E no outro dia e no outro. Nada ainda. Então, depois do quinto dia de exercícios, talvez você veja que perdeu cem gramas. É fácil sentir-se desencorajado, especialmente quando não se vê resultados na maioria das vezes. Mas os seus quatro dias de disciplina são responsáveis pelo resultado que você vê no quinto dia.

A chave para o sucesso nesta área é a constância. Exercito-me pelo menos cinco dias pela semana caminhando em uma esteira pelo menos trinta e cinco minutos. Foi a recomendação do meu médico. Se você ainda não tem o hábito de praticar exercícios diariamente, então encontre uma forma de começar.

Não importa realmente o que você faça, desde que faça. Converse com um médico. Contrate um *personal trainer*. Faça o que tiver de fazer para começar um regime que dê certo para você.

Lide Com o Estresse de Forma Eficaz

Cem anos atrás, a maioria das causas de enfermidades estava relacionada a doenças infecciosas. Hoje, elas estão relacionadas ao estresse. Certa vez li uma lista de perguntas da *Associação Nacional pela Saúde Mental do Reino Unido* para ajudar a medir se o estresse estava se tornando um problema. Aqui está o que eles perguntavam às pessoas:

- Pequenos problemas e desapontamentos o perturbam mais do que deveriam?
- Você acha difícil se entender com as pessoas (e elas com você)?
- Você notou que não aproveita mais da mesma forma as coisas das quais costumava gostar?
- Suas ansiedades lhe perseguem?
- Você está apreensivo por causa de situações ou pessoas que antes não o incomodavam?
- Você passou a desconfiar das pessoas, até mesmo dos seus amigos?
- Alguma vez já se sentiu como se estivesse preso em uma armadilha?
- Você se sente inadequado?

Se sua resposta foi ***sim*** para muitas destas questões, o estresse talvez seja um problema para você. Todo mundo enfrenta problemas e sente-se pressionado de vez em quando. O fato dessa pressão tornar-se estresse ou não depende de como você lida com ela. Lido da seguinte forma com as situações para evitar que elas se tornem estressantes para mim:

- **Problemas de família**: comunicação, amor incondicional, tempo juntos.
- **Opções limitadas**: ideias criativas, conselhos, tenacidade.
- **Problemas de produtividade na equipe**: confronto imediato com a pessoa, citando o problema.
- **Líderes de equipe com uma postura negativa**: remoção.

Descobri que o pior que posso fazer quando o assunto são situações que podem gerar qualquer tipo de pressão no futuro é adiá-las. Você reduz muito as chances de acabar estressado se discutir os problemas com as pessoas o mais rápido possível e não deixar que ganhem maiores proporções.

Sua Decisão em Relação à Saúde Hoje

Em que posição você está no que diz respeito à sua saúde hoje? Pergunte-se estas três coisas:

1. Já tomei a decisão de obter informações a respeito e de ter um estilo de vida saudável diariamente?
2. Em caso afirmativo, quando tomei essa decisão?
3. O que exatamente decidi?

Disciplinando suas Atitudes em Relação à Sua Saúde Diariamente

Baseado na decisão que tomou em relação à sua saúde, qual disciplina você precisa praticar *hoje e sempre* para ser bem-sucedido?

4

Família

Em 1986, quando tinha trinta e nove anos de idade, comecei a notar uma terrível mudança. O casamento de alguns dos meus colegas, companheiros de faculdade e amigos estava desmoronando e acabando em divórcio. Isso realmente chamou minha atenção, porque até mesmo alguns dos relacionamentos que Margaret e eu considerávamos sólidos estavam chegando ao fim. Não achávamos que nossa relação estivesse correndo qualquer tipo de perigo, mas também descobri que, antes de romper, alguns dos casais pensaram que nada daquilo poderia acontecer com eles.

Tudo isso ocorreu mais ou menos na mesma época em que minha carreira estava realmente decolando. Eu ainda desejava ser bem-sucedido, mas não queria perder minha família no processo. Isso me incentivou a tomar uma das decisões-chave em minha vida e eu a tomaria reescrevendo minha definição de sucesso. Daquele momento em diante, sucesso significava ter o máximo do amor e do respeito daqueles que estavam mais próximos de mim.

Essa decisão pôs minha esposa Margaret e meus filhos, Elizabeth e Joel, bem no centro da minha definição de sucesso. Seria impossível ser bem-sucedido se eu aparentemente o fosse, mas falhasse em levar minha família comigo nessa jornada. O aplauso das outras pessoas nunca substituiria o apreço da minha família. Ter o respeito das outras pessoas significaria muito pouco, se não tivesse o respeito dos meus entes queridos. Tomar conta da minha família e comunicar-me com ela se tornaria uma das prioridades da minha vida.

DECIDINDO TOMAR CONTA DA MINHA FAMÍLIA E COMUNICAR-ME COM ELA DIARIAMENTE

Não sei como você está em relação à sua família hoje; a situação de cada um é única. Talvez você tenha uma vida familiar excelente. Ou talvez tenha cometido erros graves que teme jamais ser capaz de consertar. Talvez você seja solteiro e não tenha filhos, então tudo o que tem são parentes por afinidade. Mas posso lhe garantir algo: não importa qual seja sua situação, você pode se beneficiar da estabilidade proveniente de comunicar-se e cuidar de sua família diariamente.

Aqui está como começar:

Estabeleça Suas Prioridades

Há um provérbio russo que aconselha o seguinte:

- Antes de ir para a guerra, ore uma vez.
- Antes de ir para o mar, ore duas vezes.
- Antes de se casar, ore três vezes.

Em outras palavras, toda vez que for se engajar em uma grande (e potencialmente arriscada!) empreitada, pense bem antes. De que outra maneira poderá saber que lugar essa iniciativa ocupa na lista de prioridades da sua vida?

Comecei a aprender essa lição da maneira mais difícil. Em apenas um mês, em 1969, me formei na faculdade, me casei com Margaret e consegui meu primeiro emprego. Assim que voltamos da lua-de-mel, nos mudamos para uma nova cidade e comecei a trabalhar. Eu era o pastor dirigente de uma pequena igreja do interior e estava determinado a ser bem-sucedido. Mergulhei de cabeça no trabalho, dedicando-me integralmente. E quando digo integralmente, é integralmente mesmo! Trabalhava o dia todo na igreja e à noite combinava de encontrar pessoas da comunidade. Teoricamente, eu deveria trabalhar seis dias na semana, mas botava a mão na massa em meu dia de folga também. Enquanto isso, Margaret arrumou alguns trabalhos, para que pudéssemos nos manter, pois meu salário era muito baixo. O problema era que eu estava sendo negligente conosco e com nosso casamento.

Margaret e eu nos conhecemos desde a época do colégio e namoramos por seis anos antes de nos casarmos, então já havíamos vivido muitas coisas juntos, principalmente levando em conta que éramos um jovem casal. Naquela época eu achava que nossa história conseguiria nos manter juntos enquanto eu me dedicava à minha carreira. Mas um casamento não pode viver para sempre de sobras. Ele precisa ser continuamente alimentado ou um dia acabará morrendo.

Muitas pessoas estão deixando que suas famílias "morram". De acordo com o psicólogo Ronald L. Klinger, presidente do Centro para uma Paternidade Bem-Sucedida, os pais de hoje passam 40% menos tempo com seus filhos do que os pais de gerações anteriores.[5] O número médio de famílias que se separam é muito alto. Vinte por cento dos casais que estão vivendo sua primeira experiência de casamento se separam nos primeiros cinco anos. Esse número aumenta se levarmos em conta os primeiros dez anos.[6] Mais de um quarto de todas as famílias americanas (28% em 2000) é liderada por pais ou mães solteiros.[7] E aproximadamente três quartos das crianças criadas por pais ou mães solteiros viverão em algum momento uma situação de penúria antes de chegar aos onze anos.[8] Todos os anos, entre 20 bilhões e 30 bilhões de dólares pagos em impostos são usados para sustentar filhos de casamentos desfeitos cujos pais não pagam pensão alimentícia.[9]

A construção de uma família sólida não acontece de forma automática. Isso exige esforço. Depois que entendi que estava negligenciando Margaret, mudei a forma como encarava minha carreira. Arrumei tempo livre para ficar com ela. Passei a priorizar meu dia de folga. E começamos a reservar dinheiro em nosso orçamento para fazer coisas especiais juntos. Eu ainda queria ser bem-sucedido, mas não tendo que sacrificar minha família! E ainda continuo me esforçando para fazer da minha família uma prioridade. Qualquer um que abandone os seus por fama, *status* ou dinheiro não é bem-sucedido de fato.

Decida qual é Sua Filosofia

Uma vez tendo decidido fazer de sua família uma prioridade, você precisa optar pelo que sua família lutará. Isso deve ser baseado em seus valores. Na primeira década de nosso casamento, Margaret e eu escolhemos cuidadosamente qual seria a filosofia pessoal de nossa família. Primeiro, tentamos viver de acordo com ela como casal. Quando tivemos filhos, trabalhamos para que nossa filosofia fosse a base de nossas escolhas como pais. Para nós, o principal em uma família era cultivar e manter:

- **Compromisso com Deus:** a fé vem em primeiro lugar em nossas vidas. Se negligenciarmos ou comprometermos isso, nada mais terá valor.
- **Crescimento constante:** alcançar nosso potencial pessoal e ajudar nossos filhos a fazer o mesmo é um dos nossos mais importantes valores. Quando chegarmos ao fim de nossas vidas, queremos olhar para trás sabendo que vivemos da forma mais plena possível.
- **Experiências em comum:** os laços de união mais fortes entre pessoas são resultado de experiências que foram vividas juntas, tanto boas quanto ruins. Criamos o maior número possível de boas experiências e lidamos com as ruins juntos.
- **Confiança — em Deus, em nós mesmos e nos outros:** aquilo em que você acredita determinará como você viverá e isso também afeta o resultado de tudo o que fizer.
- **Contribuições para a vida de outras pessoas:** as pessoas deveriam tentar fazer do mundo um lugar melhor do que aquele que elas encontraram. Queremos acrescentar algo não apenas às pessoas de nossa família, mas também a todas as outras vidas que tocarmos.

Como falei, esta é a nossa lista. Não estou sugerindo que adapte a você nossa filosofia no que diz respeito à família. Sei que você desejará criar a sua própria. Minha sugestão é: faça algo simples. Se você criar uma lista com dezessete itens, não será capaz de viver todos eles. Talvez não seja nem possível lembrá-los! Resuma a lista àquilo que é inegociável.

Desenvolva sua Estratégia Para Resolver Problemas

Creio que muitas pessoas se casam achando que será fácil. Talvez elas tenham visto filmes demais. Casamento não é fácil. Família não é fácil. A vida não é fácil. Espere pelos problemas, honre seu compromisso e desenvolva estratégias para superar os momentos difíceis. Algumas pessoas fazem reuniões de família para discutir seus problemas. Outras criam sistemas ou regras.

Meus amigos Kevin e Marcia Mayers, depois de estarem casados há alguns anos, desenvolveram um sistema para lidarem com seus conflitos de forma eficiente. Kevin é muito extrovertido, cheio de energia e fala bastante em situações nas quais Márcia é mais reservada. No início de seu casamento, ele costumava passar com suas palavras por cima dela como um trator. Começava então uma maratona de discussões.

Então eles escolheram seguir um conjunto de regras toda vez que discordassem sobre algo. Uma das regras é que marcariam um encontro para falar sobre um problema em vez de ficarem um implicando com o outro. Outra regra era que Márcia sempre teria o direito de falar primeiro. Eles são casados há vinte anos e esse sistema funciona muito bem para os dois.

Pense em como você poderia melhorar a maneira como resolve seus problemas em casa. Fale com os membros de sua família sobre isso (em um momento tranquilo, não no meio de um conflito). Use quaisquer estratégias que funcionem para resolver seus problemas em casa. Tenha apenas certeza de que sua estratégia encoraje e promova três coisas: (1) melhor entendimento, (2) mudança positiva, (3) amadurecimento dos relacionamentos.

ADMINISTRANDO SUA FAMÍLIA DE FORMA DISCIPLINADA

O desejo de fazer com que sua família seja uma prioridade é uma coisa; viver isso de fato é outra. Descobri que frequentemente é mais fácil conseguir a aprovação de pessoas estranhas e de colegas do que conseguir o respeito daqueles que nos conhecem melhor. Então faço desta frase uma prática de disciplina diária: ***todos os dias trabalharei duro para ganhar o amor e o respeito daqueles mais próximos a mim.***

Anos atrás, quando algo que me deixava animado acontecia no decorrer do dia ou eu ouvia alguma notícia interessante, compartilhava isso com meus colegas e amigos. Quando chegava em casa, não me restava muito entusiasmo para compartilhar aquilo com Margaret. Então, propositalmente comecei a guardar as coisas para mim até que pudesse compartilhá-las primeiro com ela. Dessa forma, minha esposa nunca fica com as sobras. Descobri que a melhor maneira de pôr minha família em primeiro lugar é dar a ela uma parte de minha melhor energia e atenção.

Se seu desejo é fortalecer sua vida familiar e fazer dela uma fonte de estabilidade, então tente se disciplinar para tomar algumas destas atitudes:

Faça da Família uma Prioridade em Sua Agenda

Descobri que meu trabalho irá consumir todo o meu tempo se eu permitir. Antes de tomar a decisão de fazer de minha família uma prioridade, não dedicava a ela o tempo que devia. Acho que isso acontece com a maioria das pessoas que gostam de suas carreiras.

Outras têm passatempos ou interesses que podem consumir muito tempo. Se não delimitar a maneira como gasta seu dia, a família sempre receberá as sobras. Até hoje, se eu baixar a guarda, tendo a deixar que o trabalho tome conta do meu tempo.

Batalho para que isso mude dando prioridade à família em minha agenda. Separo semanas inteiras para férias em família (talvez isso soe óbvio para você, mas falo disso porque durante vários dos meus primeiros anos de casado decidíamos onde passaríamos as férias em função das pessoas e dos lugares que seriam benéficos para o meu trabalho). Separo tempo com Margaret não apenas para atividades de lazer, como ir ao cinema ou a um show, mas também para simplesmente passarmos tempos juntos. Dedico tempo aos meus netos. E quando nossos filhos eram mais novos separava tempo para ir a jogos, recitais e outras atividades.

Alguém disse certa vez que você nunca deve se dar ao direito de sentir que deveria estar no trabalho quando está com sua família e nunca deveria sentir que deveria estar com sua família quando está no trabalho. Essa é uma excelente perspectiva. Se sua família conseguir chegar a um consenso sobre o tempo que deveriam passar juntos e se você proteger esses momentos, deve conseguir adotar essa mentalidade.

Crie e Mantenha Tradições Familiares

Tente e experimente: pegue um pedaço de papel e escreva todos os presentes de Natal e aniversário que recebeu desde que era criança até o momento em que saiu de casa. Gaste o tempo que for preciso.

De quantos conseguiu lembrar? Talvez haja alguns que se destaquem, mas se você é como a grande parte das pessoas, é difícil lembrar da maioria dos presentes. Agora tente algo diferente: liste todas as vezes que tirou férias com sua família nesses mesmos anos. De novo, gaste o tempo que for necessário.

Estou disposto a apostar que se tirou férias todos os anos, você consegue se lembrar mais delas do que dos presentes recebidos. Por quê? Porque o que torna as famílias felizes não é receber coisas. É fazer coisas juntos. Por isso, recomendo o estabelecimento de tradições familiares.

Tradições fazem com que sua família tenha uma história em comum e um forte senso de identidade. Você não se lembra como sua família celebrava o Ano-Novo quando era criança? E o Natal (e você não achava que o seu era o jeito certo quando se casou e sua esposa queria fazer outra coisa?)? As tradições que sua família tinha ajudaram a definir quem você e sua família eram.

Pense em como você gostaria de aproveitar as férias, crie momentos marcantes e celebre ritos de passagem em sua família. Comece baseando as tradições em seus valores. Inclua outras tradições da sua infância que você gostava. Misture elementos culturais, se quiser. Construa algumas práticas em torno dos interesses de seus filhos. Faça com que as tradições tenham significado e crie assim as suas próprias tradições.

Descubra Formas De Passar Um Tempo com Eles

Por algum tempo, foi moda usar o termo "qualidade de tempo" quando se falava de família. Mas há verdade é que não existe substituto para tempo em quantidade. Como costuma dizer o psiquiatra Armand Nicholi, "tempo é como oxigênio — há uma quantidade mínima necessária para a sobrevivência. E é necessário tanto quantidade como qualidade para desenvolver relações calorosas e carinhosas".

Já que é tão comum encontrarmos pais solteiros e cheios de afazeres administrando lares, e como na maioria das famílias onde os pais não são separados os dois trabalham fora, precisamos encontrar uma maneira de passarmos tempo juntos.

Quando meus filhos eram adolescentes, por mais ou menos seis anos abri mão do golfe para que pudesse ter mais tempo disponível. Margaret e eu sempre nos esforçamos muito para achar tempo para certas coisas, como:

- **Eventos importantes:** transformamos aniversários, jogos, recitais e eventos assim em acontecimentos muito importantes.
- **Necessidades importantes:** você não pode deixar um membro da família que está em crise esperando.
- **Momentos divertidos:** notamos que todos ficam relaxados e falam mais quando estamos nos divertindo.
- **Momentos sozinhos:** nada é melhor para a outra pessoa saber que você se importa do que dedicar sua atenção a ela integralmente.

Crie sua própria lista com maneiras de passar tempo com sua família.

Mantenha a Saúde do Seu Casamento em Primeiro Lugar

A base do relacionamento de qualquer família é o casamento. Ele determina o tom da convivência familiar e é por meio desse modelo de relacionamento que as crianças mais aprendem. É por isso que Theodore Hesburgh, antigo presidente da reconhecida Universidade de Notre Dame, afirmou: "A coisa mais importante que um pai pode fazer por seus filhos é amar a mãe deles".

Nenhum casamento é fácil de ser mantido. Já foi dito que um casamento bem-sucedido é aquele que pode atravessar diversas crises e durante o processo aumentar o grau de comprometimento do casal. Isso é o que realmente importa: compromisso. Compromisso é o que faz você seguir adiante. Pessoas que usam seus sentimentos como termômetro para a saúde do casamento estão destinadas à separação. Se você pretende continuar casado enquanto se sentir apaixonado, também pode acabar desistindo. Como tudo aquilo pelo qual vale a pena lutar, o casamento exige disciplina e compromisso diários.

Demonstrem Apreço uns Pelos Outros

O psicólogo William James disse: "Há em todas as pessoas, desde o momento do nascimento até a morte, o desejo profundo de ser valorizadas". Se não recebem apoio e não são valorizadas em casa, há uma grande chance de simplesmente serem privadas dessas coisas, porque, em linhas gerais, o mundo não satisfaz esse desejo. Uma das melhores coisas que você pode fazer pelos seus filhos e pelo seu cônjuge é dispor-se a conhecê-los e amá-los pelo simples fato de serem seus — e não baseado no que fazem.

Resolva Os Conflitos o Mais Rápido Possível

Já mencionei como é importante desenvolver uma estratégia para resolver conflitos, mas é um ponto tão importante que quero lembrá-lo novamente sobre esse assunto. Todas as famílias têm problemas, mas nem todas os resolvem de forma positiva. A forma como uma família lida com seus problemas promoverá sua união ou destruição. Lide com os conflitos de forma rápida e eficiente e você trará cura. Negligencie-os e talvez você acabará concordando com o romancista F. Scott Fitzgerald, que disse: "Brigas de família são cruéis. Elas não seguem regras. Não são como dores ou feridas, se parecem mais com cortes na pele que jamais cicatrizarão porque são grandes demais". Viver em família não precisa ser assim.

Sua Decisão em Relação à Sua Família Hoje

Qual o seu posicionamento no que diz respeito à sua família hoje? Pergunte-se estas três coisas:

1. Eu já tomei a decisão de cuidar e me comunicar com minha família?
2. Em caso afirmativo, quando tomei essa decisão?
3. O que exatamente decidi?

Disciplinando Suas Atitudes em Relação à Sua Família Diariamente

Baseado na decisão que tomou em relação à sua família, qual disciplina você precisa praticar *hoje e sempre* para ser bem-sucedido?

5

Pensamento

Tive muita sorte. Aprendi como o pensamento positivo pode ser poderoso muito cedo em minha vida. Meu pai exigia que seus três filhos lessem por trinta minutos todos os dias. Algumas vezes escolhíamos sobre o que leríamos, mas frequentemente ele fazia a seleção do material de leitura para nós. Dois dos livros que pediu que eu lesse me impressionaram muito. O primeiro foi *O Poder do Pensamento Positivo*, de Norman Vincent Peale, que li quando estava na sétima série.[10] Naquele ano, meu pai também me levou ao Auditório Memorial de Veteranos, em Columbus, no estado de Ohio, para conhecer o Dr. Pale e ouvi-lo falar ao vivo. Isso fez de mim quem eu sou hoje.

Ainda mais importante do que conhecer o Dr. Pale, foi ler *O Homem É Aquilo que Ele Pensa*, de James Allen.[11] Li esse livro em 1961, quando tinha quatorze anos de idade, e me impressionou tanto que fui impelido a tomar uma das decisões contidas em meus Doze Mandamentos Diários. Ainda tenho o livro. Na página 49, Allen escreveu: "Tudo o que um homem alcança ou não consegue alcançar é resultado direto de seus pensamentos". Todo o livro me impressionou, mas essa afirmação fez com que eu percebesse que meus pensamentos iriam me edificar ou destruir. Então, decidi: ***pensarei em coisas que agregarão valor a mim mesmo e aos outros.***

TOMANDO A DECISÃO DE PRATICAR E DESENVOLVER BONS PENSAMENTOS DIARIAMENTE

Se você deseja fazer com que bons pensamentos sejam parte de sua vida todos os dias, pense nisso:

Entenda que Grandes Ideias são Fruto de Bons Pensamentos

Uma noite, durante o jantar, um amigo de John Kilcullen descreveu algo que ouviu em uma livraria. Um cliente perguntou ao vendedor: "Você tem algum livro bem simples sobre Microsoft DOS, alguma coisa como "DOS para idiotas"? Foi apenas um comentário em tom de piada, mas Kilcullen guardou aquilo e fez algo. Ele lançou uma série de livros "para idiotas".

O consumidor anônimo teve uma boa ideia e não fez nada com ela. Na verdade, talvez ele nem soubesse que teve uma boa ideia. Mas nas mãos de alguém que tem bons pensamentos, aquela boa ideia se tornou uma grande ideia. Então ela deu origem a uma série de outras grandes ideias. Os livros "para idiotas" formam agora uma linha de produtos com 370 títulos em trinta e um idiomas, com mais de sessenta milhões de cópias vendidas.[12]

Se você quer se tornar alguém que tem grandes ideias, precisa primeiro se tornar alguém que tem bons pensamentos. E para ser alguém que tem bons pensamentos e boas ideias, precisa estar disposto a se tornar alguém que tem ideias. Para se tornar alguém que tem ideias, deve estar disposto a ter primeiro um monte de ideias obviamente ruins e medíocres. Uma vez tendo começado a fluir, as ideias melhoram. Uma vez tendo melhorado, elas se aperfeiçoam.

Reconheça que Há Vários Tipos de Pensamentos

Até agora me referi aos pensamentos como se fossem uma habilidade única. Mas a verdade é que são um conjunto de habilidades. É como um *decatlo mental*, o campeonato de atletismo no qual os atletas competem em dez diferentes modalidades: 100 metros rasos, 400 metros rasos, salto à distância, lançamento de peso, salto em altura, 110 metros com barreiras, lançamento de disco, salto com vara, arremesso de dardos e 1.500 metros rasos. O pensamento é multifacetado.

Acredito que onze diferentes habilidades entram em cena quando o assunto é ter bons pensamentos. Escrevi detalhadamente a respeito deles em *O Pensamento que Faz a Diferença*. Aqui está uma visão geral dessas habilidades:

1. **Pensamento abrangente:** a habilidade de pensar naquilo que está além de você e da sua realidade para processar as ideias sob uma perspectiva holística
2. **Pensamento com foco:** a habilidade de pensar com clareza nos problemas, removendo as distrações e a confusão mental.
3. **Pensamento criativo:** a capacidade de vencer suas limitações e explorar opções e ideias para ter grandes sacadas.

4. **Pensamento realístico:** a habilidade de se fundamentar de forma sólida em fatos para pensar sem qualquer margem de dúvidas.
5. **Pensamento estratégico:** a habilidade de implementar planos que estabelecem diretrizes para o dia de hoje e aumentam seu potencial para o amanhã.
6. **Pensamento das possibilidades:** a habilidade de utilizar seu entusiasmo e sua esperança para achar soluções para situações aparentemente impossíveis.
7. **Pensamento reflexivo:** a habilidade de revisitar o passado a fim de ter uma perspectiva verdadeira e de pensar com sabedoria.
8. **Pensamento que questiona o senso comum:** a habilidade de rejeitar a limitação do senso comum para atingir resultados incomuns.
9. **Pensamento compartilhado:** a habilidade de pensar junto com outras pessoas que possam ajudá-lo a pensar e a entender aquilo que você não consegue e alcançar resultados juntos.
10. **Pensamento altruísta:** a habilidade de considerar as outras pessoas e suas trajetórias de vida de forma colaborativa.
11. **Pensamento centrado no resultado final:** a habilidade de se concentrar nos resultados e no maior retorno possível para alcançar o potencial máximo do seu pensamento.[13]

É um grande erro pensar que há apenas um tipo de pensamento. Essa é uma visão muito limitada. Ela pode fazer com que uma pessoa valorize apenas o tipo de pensamento no qual ela se sobressai e descarte os outros. Lamento dizer que alguns acadêmicos caem nessa armadilha.

Maximize seus Pontos Fortes e Delegue Seus Pontos Fracos

Muitas pessoas têm uma habilidade natural para desenvolver alguns tipos de pensamento e dificuldade para desenvolver outros. Assim como é raro encontrar um atleta que é igualmente bom nas dez modalidades do decatlo, é raro encontrar alguém que tem bons pensamentos cujas habilidades englobem todas as onze áreas do pensar. Então, se você reconhece que há muitos tipos diferentes de pensamento, o que deve fazer? Tentar dominar todos? Acredito que isso seja um erro.

Vamos supor, por exemplo, que você é muito bom em desenvolver pensamentos criativos, mas fraco no que concerne ao ser centrado no resultado final, mas ainda assim quer dominar ambos. Por onde começaria? Onde focaria sua atenção? Você poderia desenvolver sua capacidade de ter pensamentos centrados no resultado final até que ela se tornasse mediana, mas isso exigiria uma quantidade enorme de tempo, energia e recursos. E o quanto você teria de investir para se tornar meramente bom? Isso exigiria um esforço ainda maior. Quanto mais alta a escalada, mais energia é necessária para se fazer um progresso menor. Não importa o quanto você tente, focar seu pensamento no resultado final nunca será seu ponto forte.

Mas se você investisse tempo em aperfeiçoar o seu pensamento criativo? Como você já possui essa habilidade, uma quantidade moderada de tempo e energia poderia fazer com que se tornasse excelente. Se realmente se dedicar, talvez possa se tornar um especialista em ideias criativas de nível internacional. Isso lhe possibilitaria gerar ideias e contribuir como poucos. Isso o valorizaria bastante e traria um diferencial para sua vida e sua carreira.

Então, o que deve ser feito com seus pontos fracos? Tenha pessoas ao seu redor que são fortes nessas áreas. É isso o que faço há anos. Na fase atual da minha vida, posso contratar pessoas que são fortes nas minhas áreas de fraqueza. Mas mesmo antes de ser o "chefe", eu já praticava esse princípio. Por trinta e cinco anos, minha esposa Margaret e eu trabalhamos em equipe para compensar os pontos fracos um do outro. Muitas vezes contei com meu irmão Larry para me ajudar a pensar de forma realista. E transformei em uma prática fazer parcerias com amigos que pensam melhor do que eu em uma área em particular enquanto faço o mesmo por eles. Não ter que contar apenas comigo mesmo quando se trata da área dos pensamentos tem sido muito vantajoso para mim.

ADMINISTRANDO SEUS PENSAMENTOS DE FORMA DISCIPLINADA

É fácil permitir que situações e outras pessoas influenciem você tanto de forma negativa quanto positiva. Um dos perigos que há em seguir ideias e pontos de vista de terceiros é que eles não estão interessados apenas em ajudá-lo. Por isso é importante responsabilizar-se por suas próprias ideias. Aos vinte anos, comecei a me disciplinar para que esta prática fosse uma realidade para mim: ***todos os dias separarei um tempo para pensar e determinarei que pensarei apenas nas coisas certas.*** Se você deseja fazer o mesmo, então faça o seguinte:

Encontre Um Lugar Para Pensar

Desde o meu primeiro emprego, em 1969, sempre encontrei um local onde separava tempo para parar e pensar diariamente. Durante aqueles primeiros anos em Hillhan, Indiana, esse lugar ficava próximo a uma fonte, do lado de fora de nossa casa. Em Lancaster, Ohio, eu costumava me sentar em uma grande pedra. Em San Diego, era um cômodo isolado no andar de cima da igreja. Em Atlanta, uma cadeira em particular no escritório. O único momento em que eu me sentava nela era quando precisava parar para pensar um pouco.

Esses certamente não foram os únicos lugares que usei para pensar, mas foram os que designei para esse propósito. Posso fazer de quase todos os locais um bom lugar para se pensar, desde que não precise lidar com interrupções. Nesse exato momento enquanto escrevo este texto, estou fazendo um cruzeiro, sentado em uma varanda do navio. Minha família está espalhada por toda a embarcação, fazendo coisas diferentes, e dei uma fugidinha para ter alguns minutos sozinho, pensando a respeito deste livro e escrevendo algumas ideias.

Quero encorajá-lo a pensar em um lugar onde você possa refletir. Cada um se sente melhor em um determinado lugar. Alguns gostam de estar em contato com a natureza. Outros, de estar onde há movimentação, mas sem participar dela. Meu amigo Andy Stanley gosta de se sentar sozinho em um restaurante para pensar. J. K. Rowling, autora da série de livros "Harry Potter", escreveu seus primeiros livros sentada em um café. Aonde você vai não importa, desde que o lugar estimule seu pensamento.

Separe Tempo para Pensar Diariamente

Tão importante quanto achar o lugar certo para pensar é achar tempo para fazê-lo. O melhor momento para eu pensar é de manhã cedo — com exceção do pensamento reflexivo. Geralmente reservo para isso a parte da noite, antes de ir para a cama. É quando revejo meu dia e tento avaliar como me saí com os Doze Mandamentos Diários. Mas todos os outros tipos de pensamento são mais claros para mim pela manhã. Frequentemente acordo de madrugada e fico apenas rascunhando ideias em um bloco amarelo enquanto estou sentado na minha cadeira especialmente reservada para pensar. Recomendo que você tente descobrir a hora do dia em que seus pensamentos estão mais afiados. Separe então algum tempo todos os dias apenas para pensar. Creio que perceberá que assim estará muito mais focado e que o tempo será muito mais produtivo.

Encontre um Processo que Funcione Para Você

Cada pessoa tem uma maneira diferente de lidar com o processamento de suas ideias. O poeta Rudyard Kipling precisava ter tinta preta pura em sua caneta antes de começar a escrever. O filósofo Immanuel Kant costumava olhar fixamente para uma torre feita de pedra através da janela para pensar; quando cresceram árvores que ameaçaram bloquear sua visão ele as cortou. O compositor Ludwig van Beethoven derramava água fria sobre sua cabeça para se refrescar e estimular o pensamento. O poeta Friedrich von Schiller se estimulava pelo cheiro de maçãs apodrecidas, as quais ele mantinha em sua mesa. O crítico e lexicógrafo Samuel Johnson disse que precisava de um gato ronronando, casca de laranja e uma xícara de chá para poder escrever. O compositor Gioacchino Rossini sentia que trabalhava melhor na cama, embaixo das cobertas.

Não preciso de nada específico para estimular meu pensamento. Algumas pessoas precisam de música. Algumas pensam melhor quando estão no computador. Alguns precisam escrever à mão. Faça aquilo que funciona melhor para você.

Capte Seus Pensamentos

Se não escrever suas ideias, há o grande perigo de esquecê-las. Em *Palavra por Palavra*, a escritora Anne Lamott explica como faz para não esquecer suas melhores ideias:

> Tenho algumas fichas e canetas espalhadas por toda a casa — perto da cama, no banheiro, na cozinha perto dos aparelhos de telefone; também tenho algumas no porta-luvas do carro. Carrego uma ficha comigo no bolso de trás da calça quando levo meu cachorro para passear... Eu costumava pensar que, se algo é realmente importante, me lembraria daquilo até chegar em casa, onde poderia simplesmente escrever no meu caderno... Mas não conseguia me lembrar... Escrever suas ideias imediatamente não é trapacear. Isso não depõe contra seu caráter.[14]

Sempre escrevo minhas ideias. Quando estou no meu lugar especialmente reservado para pensar, uso um bloco amarelo. Além disso, tenho um caderninho com capa de couro comigo. Tenho até mesmo um caderninho com uma luz acoplada, que acende imediatamente quando você remove a caneta especialmente para escrever minhas ideias, à noite, na cama. Dessa forma, posso fazer anotações enquanto ainda estou na cama sem incomodar Margaret acendendo a luz. Tenha um sistema e faça uso dele.

Ponha Seus Pensamentos em Ação Rapidamente

Quando você tem uma grande ideia, mas não faz nada a respeito, não desfruta dos benefícios que ela traz. Dave Zines, fundador do CostumZines.com, diz: "Para mim, quando tenho uma ideia é como se estivesse pegando fogo, quase como se fosse Deus falando. Sei que soa herético, mas é isso. Quanto mais o tempo passa depois que tenho a ideia, menos calor ela emana. Esqueço partes dela e já não parece tão boa. Ideias têm uma vida curta".[15]

Alguma vez você já teve uma ideia para um serviço ou produto e depois de alguns meses ou anos viu que alguém com a mesma ideia a lançou no mercado? O autor Alfred Montapert disse: "Todas as vezes que uma pessoa explica uma ideia que teve, ela encontra dez pessoas que a tiveram antes dela, mas na verdade apenas pensaram a respeito". Ideias postas em ação dão a você um diferencial.

Procure Aperfeiçoar seus Pensamentos Todos os Dias

É verdade que, quanto mais você pensa, melhor se tornam suas ideias. Mas você pode melhorar rapidamente seus pensamentos se fizer as seguintes coisas diariamente:

- **Concentre-se no lado positivo:** só pensar não garante o seu sucesso. Você precisa pensar nas coisas certas. Pensamentos negativos e preocupações na verdade atrapalham o processo mental em vez de aperfeiçoá-lo. Acredito nisso de todo o meu coração, por isso o primeiro livro que escrevi foi composto de uma coleção de capítulos curtos, edificantes e instrutivos. Eu o chamei de *Think on These Things* (Pense nestas coisas), baseado em uma passagem bíblica que sempre me inspirou: "Tudo o que é verdadeiro, tudo o que é honesto, tudo o que é justo, tudo o que é puro, tudo o que é amável, tudo o que é de boa fama, se há alguma virtude e se há algum louvor, nisso pensai".[16] Concentre-se naquilo que é positivo e o seu pensamento seguirá em uma direção positiva.

- **Procure estímulos positivos:** sempre fui um colecionador de ideias. Leio muito e sempre registro as ideias e citações que encontro. Descobri que quanto mais sou exposto a boas ideias, mais meus pensamentos são aperfeiçoados.
- **Passe tempo com quem tem bons pensamentos:** se fosse entrevistar um grupo de executivos de alto nível de qualquer setor, descobriria que bem mais do que a metade deles teve o privilégio de ter um mentor em algum momento de suas carreiras. E acredito que o maior benefício que qualquer pessoa recebe nesse tipo de relacionamento é aprender como o seu mentor pensa. Se você passar tempo com bons pensadores, descobrirá que estar exposto a boas ideias afia seus próprios pensamentos.

Acredito que muitas pessoas subestimam seu próprio pensamento. Veem-no como uma atividade natural que faz parte da vida. Mas a verdade é que pensamentos bem direcionados não são um lugar comum. A maneira como você pensa diariamente é muito importante porque ela é a base de todas as suas ações e o resultado delas poderá lhe trazer vantagens ou desvantagens.

Sua Decisão a Respeito dos Seus Pensamentos Hoje

Qual o seu posicionamento em relação aos seus pensamentos hoje? Pergunte-se estas três coisas:

1. Já tomei a decisão de praticar e desenvolver bons pensamentos diariamente?
2. Em caso afirmativo, quando tomei essa decisão?
3. O que decidi exatamente?

Disciplinando Seus Pensamentos Diariamente

Com base na atitude que tomou no que diz respeito aos seus pensamentos, qual disciplina você precisa praticar *hoje e sempre* para ser bem-sucedido.

6

Comprometimento

Acho que eu não entendia o verdadeiro valor de um compromisso até o ano de 1967. Eu era o pastor dirigente de uma das igrejas que cresciam mais rapidamente em Ohio. E o sucesso que experimentávamos exigia que expandíssemos nossas instalações e isso custaria um milhão de dólares. Mas havia um problema: eu tinha apenas vinte e nove anos de idade e não possuía qualquer experiência com grandes projetos de construção. Francamente, a tarefa parecia impossível. Mas, ao mesmo tempo, o futuro da igreja dependia totalmente do sucesso dessa empreitada. Foi então que tomei a decisão a respeito do cumprimento de meus compromissos: ***se alguma coisa vale a pena, me comprometerei a cumprir a tarefa até o fim.*** Decidi que, independentemente do que acontecesse, iria liderar minha congregação no projeto de construção.

Não tinha a percepção do quanto meu comprometimento seria testado. Sempre que tomamos uma decisão, novos problemas surgem. Aqui estão alguns deles:

1. Para adaptar a igreja ao crescimento, eu precisava de uma equipe de trabalho melhor. Isso significava dispensar pessoas que eram muito populares.
2. Mais de duzentas pessoas (aproximadamente 15% da congregação) deixaram a igreja porque não concordavam com a visão.
3. Nosso banco concordou em nos emprestar o dinheiro, mas com a condição de primeiro levantarmos um capital inicial de 300 mil dólares junto à congregação. Eu nunca havia liderado uma grande campanha para levantar recursos financeiros e o máximo que já havia levantado para um projeto era 25 mil dólares
4. A decisão do conselho da igreja de não contratar um empreiteiro membro de nossa igreja que tinha uma empresa de construção fez com que ele saísse da igreja — e ele era o mais generoso ofertante.
5. Nosso arquiteto não se importava com os gastos com os empreiteiros, o que fez o projeto custar 125 mil dólares a mais.

Você conhece a lei da física que diz que toda ação causa uma reação? Durante todo o processo, havia movimento suficiente para causar um terremoto. Sentia-me pressionado por todos os lados diariamente. Se não tivesse me comprometido no início do processo, nunca conseguiria ter chegado até o fim.

DECIDINDO ASSUMIR E MANTER SEUS COMPROMISSOS DE FORMA ADEQUADA DIARIAMENTE

Se você quer ser perseverante para realizar as coisas que deseja, então decida de todo o coração ser uma pessoa comprometida. Comece fazendo o seguinte:

Pense no Preço a Ser Pago

Depois que os nazistas expulsaram o exército britânico do continente europeu em Dunquerque e a França rendeu-se em junho de 1940, os alemães estavam certos de que a vitória estava em suas mãos e de que a Grã-Bretanha buscaria um acordo de paz. A França também acreditava nisso. O general francês Maxime Weygand disse a Charles de Gaulle, que era coronel na época: "Assim que eu for vencido aqui, a Inglaterra não esperará nem uma semana para negociar com o Reich". [17]

Mas os alemães e franceses subestimaram o comprometimento do povo britânico e de Winston Churchill, que havia se tornado o primeiro-ministro britânico em maio. Churchill sabia o que estava em jogo naquele conflito, como ficou evidenciado em suas anotações daquele período:

> Aquilo que recebeu o nome de Batalha da França pelo General Weygand acabou. Espero que a batalha britânica esteja por começar. Desta batalha depende a sobrevivência da civilização cristã. Desta batalha depende também a própria continuidade da Inglaterra... Hitler sabe que precisará nos esfacelar nessa ilha, ou então perderá a guerra. Se pudermos enfrentá-lo, talvez toda a Europa se torne livre... Mas se falharmos, o

> mundo todo, incluindo os Estados Unidos, incluindo tudo aquilo que conhecemos e pelo qual nos importamos, afundarão no abismo de uma nova era negra... Abracemos então o nosso dever e resistamos tão bravamente que, se o Império Britânico e seu povo durarem por mais mil anos, os homens ainda dirão: "Aquele foi seu melhor momento".[18]

A guerra que a Inglaterra lutou foi longa e sangrenta. O país sofreu terríveis bombardeios nazistas e por muito tempo não teve apoio. Mas continuou de pé. Seu comprometimento era inabalável. E porque continuaram de pé, os Aliados ganharam a guerra. Acredito que sua resolução era tão firme não apenas porque sabiam o que estava em jogo, mas também porque sabiam qual o preço que precisariam pagar. Pode ser muito difícil manter sua palavra quando se trata de um compromisso firmado de forma leviana. Mas o comprometimento é muito maior quando você leva em conta o preço a ser pago.

Determine-se a Pagar o Preço

Uma vez tendo pensado no preço a ser pago, avalie se você está disposto a pagá-lo. O senador americano Sam Nunn disse: "É preciso pagar o preço. Você descobrirá que tudo na vida exige que seja pago um preço e terá que decidir se vale a pena pagá-lo ou não".

Quando saí da faculdade, estava determinado a me manter focado na minha preparação para o ministério. Mas eu sabia que haveria um preço. Muitos dos meus amigos de faculdade se casaram quando ainda estavam estudando e alguns até tiveram filhos; Margaret e eu esperamos, apesar de compartilhar o desejo de nos casarmos. Era uma jornada difícil. E, nos dias de hoje, não recomendo noivados longos como o nosso. Mas o nosso comprometimento valeu a pena. Algumas semanas depois de formados, nós nos casamos. E esperamos vários anos para termos filhos. Como resultado disso, estava preparado quando ingressei no ministério e pude me concentrar no estabelecimento da minha carreira naqueles primeiros anos.

Sempre Busque a Excelência

Howard W. Newton disse: "As pessoas se esquecem da rapidez com a qual você realizou um trabalho, mas elas nunca se esquecem de um trabalho bem feito". Poucas coisas estimulam mais o comprometimento de uma pessoa do que a dedicação à excelência. O desejo pela excelência levou Michelangelo a alcançar a perfeição em seu trabalho na Capela Sistina. A excelência levou Edison a continuar trabalhando até descobrir como fazer a lâmpada funcionar. A excelência conduziu as empresas a respeito das quais Jim Collins escreve em *Feitas Para Durar* e *Empresas Feitas Para Vencer.*

Qualquer pessoa que deseja realizar-se e ser bemsucedida precisa ser como um bom artesão: comprometido com a excelência. Um excelente artesão quer que você inspecione o trabalho dele, que olhe de perto os mínimos detalhes. No entanto, pessoas desleixadas escondem o trabalho que fazem. E se alguém encontrar algum defeito no que fizeram, o mau trabalhador culpa suas ferramentas. Em quais dos casos você se encaixa? Excelência significa fazer o seu melhor em tudo, em todos os sentidos. Esse tipo de comprometimento o levará aonde pessoas que não são totalmente dedicadas nunca chegarão.

ADMINISTRANDO SEU COMPROMISSO DE FORMA DISCIPLINADA

Depois que tomei a decisão de estar comprometido com o projeto de construção em minha igreja, soube que precisaria arrumar um jeito de me manter nos trilhos. Então decidi me disciplinar para viver o seguinte: ***todos os dias renovarei minha intenção de ser alguém comprometido e analisarei os benefícios recebidos ao agir dessa forma.***

Para isso, carreguei comigo um cartão todos os dias por oito anos. Isto era o que estava escrito nele:

> Quando alguém realmente se compromete, a Providência se move. Todos os tipos de coisas, que em situações normais jamais ocorreriam, começam a acontecer. A decisão origina uma série de acontecimentos, ajuda material e encontros que nenhum homem jamais sonhou que pudesse cruzar seu caminho.
>
> William H. Murray

Li esse cartão todos os dias enquanto estávamos envolvidos com o projeto. Em dias especialmente difíceis, nos quais tinha vontade de jogar a toalha, eu o lia duas ou três vezes. Isso me ajudou a manter o foco e a não perder a coragem. Eu pensei: se honrar meu compromisso e fizer tudo o que puder, e então pedir a Deus que faça a diferença, nós dois juntos vamos conseguir. E conseguimos!

Quando você realiza algo que antes achava ser impossível, isso transforma você em uma nova pessoa. A forma como você vê a si mesmo e a forma como vê o mundo mudam. Minha forma de pensar alcançou um novo nível e minha visão de liderança foi expandida. Nunca teria chegado lá sem comprometimento. O meu comprometimento pessoal — assim como o de muitas outras pessoas — foi a chave para o nosso sucesso.

Enquanto se esforça para honrar seus compromissos diariamente, mantenha em mente o seguinte:

Espere que Ser Alguém Comprometido Exija Esforço

Quando nossos filhos eram crianças e moravam conosco, Margaret e eu decidimos levá-los em uma viagem de férias cujo objetivo era mostrar-lhes a história do estabelecimento dos Estados Unidos como nação. Começamos por Nova York. Fomos à Ilha Ellis, o antigo portal de entrada para o país, e tivemos uma ideia de como se sentiam os imigrantes que vieram para a América com o sonho de ter uma vida melhor. Visitamos a Filadélfia. Vimos a sala onde nosso país tornou-se uma nação com a assinatura da Declaração de Independência. Vimos o Sino da Independência. E visitamos as sepulturas dos homens valentes que assinaram a Declaração de Independência.

Depois disso, viajamos para o sul, até Williamsburg, no estado da Virgínia, a casa de Patrick Henry, que declarou: "Dê-me a liberdade ou a morte!" E terminamos a viagem em Washington. Enquanto olhávamos para o Monumento a Washington, nos lembramos da luta dos Estados Unidos para torna-se uma nação. Enquanto observávamos a enorme estátua de Lincoln em seu memorial, nos lembramos da luta vivida por ele para que continuássemos sendo uma nação.

Em todos os lugares a que fomos, éramos confrontados com o comprometimento dos homens e das mulheres que fundaram e preservaram nosso país. Aprendemos sobre os riscos que correram, as batalhas que lutaram, os sacrifícios que fizeram. As maiores honras eram reservadas para aqueles que enfrentaram as maiores dificuldades. Os riscos eram grandes, mas as recompensas também eram. Até hoje desfrutamos da liberdade que eles conquistaram para nós.

Aquela viagem ensinou uma grande lição para a nossa família. Tudo aquilo que vale a pena ter não vem de graça. Compromisso não é algo fácil, mas quando se luta por algo em que se acredita, o esforço vale a pena.

Não Confie Apenas em Seu Talento

Se quer alcançar seu potencial, é preciso adicionar ao seu trabalho muita ética. O poeta Henry Wadsworth Longfellow demonstrou ter muito discernimento ao escrever:

> As alturas alçadas e mantidas por grandes homens
> Não foram obtidas após um rápido voo súbito
> Mas eles, enquanto seus companheiros dormiam,
> Abriam suas asas, apontavam para o alto e voavam.[19]

Se você quiser que o seu dia renda, precisa investir nele. Seu talento é o que Deus investiu em sua vida antes mesmo de você nascer. Suas habilidades são o seu investimento de ontem. Comprometimento é o que você precisa ter a cada dia para fazer do hoje uma obra-prima e do amanhã um sucesso.

Concentre-se em Suas Escolhas e Não nas Circunstâncias

Em geral, as pessoas encaram o compromisso diário de uma destas duas formas: concentram-se no que é externo ou interno. Aquelas que se concentram no que é externo esperam que as circunstâncias determinem se honrarão seus compromissos. Porque as condições são completamente transitórias, seu nível de comprometimento muda como o vento.

Por outro lado, pessoas que baseiam suas ações no que é interno normalmente se concentram em suas escolhas. Cada escolha é uma encruzilhada, que irá confirmar ou prejudicar seus compromissos.

Você pode reconhecer que está em uma encruzilhada quando:

- É exigido que você tome uma decisão pessoal;
- As decisões terão um custo para você;
- Outras pessoas serão igualmente influenciadas por isso.

Suas escolhas são as únicas coisas sobre as quais você tem realmente controle. Você não pode controlar o que está ao seu redor, ou as pessoas. Concentrando-se em suas escolhas e fazendo-as de forma íntegra, você controla seu nível de comprometimento. E isso é o que frequentemente separa o fracasso do sucesso.

Concentre-se em Seu Objetivo

Nada incentiva mais você a se manter comprometido do que concentrar-se no seu objetivo. Um grande exemplo disso é a história do ministro do evangelho William Carey. Apesar de só ter concluído o ensino fundamental, quando Carie era adolescente conseguia ler a Bíblia em seis idiomas diferentes. Por causa do seu talento para línguas, quando estava com trinta foi escolhido para ser missionário na Índia. Seis anos depois, em 1799, ele fundou a missão de Serampore. Após alguns anos, tornou-se professor de línguas orientais na Faculdade Forte William, em Calcutá. Ele também usou seu talento para línguas para tornar-se editor. Sua gráfica em Serampore imprimia Bíblias em 40 idiomas e dialetos, para mais de trezentos milhões de pessoas.

Ao que Carie atribuiu seu sucesso? Como ele o alcançou? Ele disse que foi porque trabalhava duro. Descrevendo-se, disse: "Qualquer coisa além disso será exagero. Sei trabalhar duro. Nisso consiste minha genialidade. Posso ser perseverante em qualquer atividade cujo propósito seja claramente definido. Devo tudo a isso".[20]

Faça o Que é Certo Mesmo Quando Não Tiver Vontade

Thomas A. Bucker disse: "Ter o estado de espírito necessário e a energia para executar tarefas que exigem claramente trabalho duro de forma contínua é a maior batalha que todos nós enfrentamos. Quando esta batalha é definitivamente ganha, todo o resto fica fácil". Algo que admiro nos grandes atletas é o entendimento que possuem acerca dessa verdade. Esse é um dos motivos pelos quais gosto de assistir às Olimpíadas. Quando os atletas vão ao estádio na cerimônia de abertura e preparam-se para participar dos jogos, uma das coisas que fazem é recitar o seguinte:

> Preparei-me.
>
> Segui as regras.
>
> Não desistirei.

Qualquer um que pode dizer isso com integridade pode também orgulhar-se de si, não importa o que venha a acontecer depois. Arthur Gordon, autor de *Um Toque de Beleza*, disse: "Nada é mais fácil do que falar. Nada é mais difícil do que pôr em prática o que se fala. Tudo que se promete hoje deve ser renovado e reafirmado amanhã e em todos os dias que estão diante de você."[21]

Se você faz apenas o que deveria quando tem vontade, não terá um comprometimento consistente. Meu amigo Ken Blanchard disse: "Quando se tem interesse em algo, você faz aquilo apenas quando lhe é conveniente. Quando se está comprometido com algo, não aceita desculpas, apenas resultados". Se você se recusa a ceder às desculpas, independentemente do quanto elas parecem ser boas e do quanto o fazem se sentir bem naquele momento, você tem potencial para ir longe.

Sua Decisão em Relação ao Seu Comprometimento Hoje

Qual é o seu posicionamento em relação ao que se compromete a fazer hoje? Pergunte-se estas três coisas:

1. Já tomei a decisão de fazer e manter compromissos adequados diariamente?
2. Em caso afirmativo, quando tomei essa decisão?
3. O que decidi exatamente?

Disciplinando Seu Comprometimento Diariamente

Com base na atitude que tomou no que diz respeito ao seu comprometimento, qual disciplina você precisa praticar *hoje e sempre* para ser bem-sucedido?

7

Finanças

Quando ainda era jovem, era fácil perceber que meu irmão Larry e eu lidávamos com o dinheiro de formas diferentes. Éramos completamente opostos. Quando era criança, tudo o que Larry queria era trabalhar e ganhar dinheiro. Tudo o que eu queria era brincar com meus amigos. Ele passava os verões trabalhando. Eu passava meus verões jogando basquete. Ele fez economias. Eu não tinha nada para guardar. Quando Larry tinha dezesseis anos, comprou um bom carro com seu próprio dinheiro: um Ford com quatro anos de uso. Só fui ter um carro depois que terminei a faculdade. Era um velho Ford Falcon batido — e adivinha quem me emprestou o dinheiro para comprá-lo? Larry e minha irmã mais nova, Trish.

Quando comecei a estudar para ser pastor, percebi que estava escolhendo uma profissão com a qual eu não ganharia muito dinheiro. Eu não me importava com isso, porque cria que estava fazendo o que fui chamado para fazer e que me traria realização pessoal. Mas também reconheço que quando uma pessoa não tem dinheiro algum, ela tem poucas opções. Em 1985, Margaret e eu decidimos algo: ***nós nos sacrificaremos hoje para termos mais opções amanhã.*** Daí em diante, decidimos viver de acordo com a seguinte fórmula financeira:

- 10 por cento para a igreja/obras assistenciais;
- 10 por cento para investimentos;
- 80 por cento para despesas diárias.

Na mesma época, nosso amigo Tom Phillipe nos ofereceu a maravilhosa oportunidade de investirmos em um de seus condomínios para pessoas aposentadas. Gratamente aceitamos. Por muitos anos, não apenas investimos 10% de nossa renda em vez de gastá-la, mas também usamos os rendimentos para investir em outras coisas. Com o passar do tempo, estamos construindo nossa reserva financeira. Com o passar do tempo eu e Margaret temos cada vez mais opções.

TOMANDO A DECISÃO DE GANHAR DINHEIRO E ADMINISTRÁ-LO DE FORMA ADEQUADA DIARIAMENTE

Se você deseja ter opções, mas ainda assim não fez um bom trabalho ganhando seu dinheiro e administrando-o diariamente, então consiga tomar uma boa decisão no que concerne às suas finanças fazendo o seguinte:

Analise o Valor das Coisas

Um homem e sua esposa foram a uma feira de produtos agrícolas na qual se ofereciam passeios em um velho bimotor por 50 dólares por pessoa. O casal queria fazer o passeio, mas acharam o preço que o piloto estava fazendo muito alto. Tentaram negociar um preço mais baixo oferecendo 50 dólares pelo passeio dos dois, mas o homem não estava disposto a ceder. Por fim, o piloto fez uma oferta.

"Vocês me pagam os 100 dólares e eu os levo" disse. "E se não disserem absolutamente nada durante todo o voo, devolverei seu dinheiro". Eles concordaram e entraram no avião. Subiram e o piloto começou a fazer todas as manobras aéreas que conhecia: mergulhos, loopings, espirais e voos de cabeça para baixo. Quando pousou, falou para o marido: "Parabéns! Aqui estão os seus 100 dólares. Você não disse uma palavra".

"É verdade," respondeu o marido, "mas quase não consegui me segurar quando minha esposa caiu".

Essa não é uma história real, mas nos mostra uma verdade a respeito de nossa cultura. As pessoas costumam valorizar mais o dinheiro do que aquilo que realmente importa na vida: outras pessoas. O historiador e cientista político francês Alexis de Tocqueville fez a seguinte observação a respeito dos Estados Unidos que ele conheceu: "Em nenhum outro país o amor ao dinheiro domina tanto o coração dos homens". O interessante é que ele escreveu isso há mais de cem anos! Pergunto-me o que falaria se vivesse nos dias de hoje.

Para saber se você age em relação ao dinheiro e às suas posses como deveria, pergunte-se cinco coisas:

1. Estou preocupado com coisas?
2. Invejo os outros?
3. Acho que meu valor pessoal está em possuir coisas?
4. Acredito que dinheiro me fará feliz?
5. Sempre quero mais?

Se você respondeu sim para uma ou mais questões, precisa fazer uma autoanálise. Billy Graham corretamente ressalta: "Se uma pessoa corrige o seu comportamento em relação a dinheiro, isso a ajudará a corrigir quase todas as outras áreas de sua vida". Materialismo é uma ideia fixa. Não há nada errado em possuir dinheiro ou boas coisas. Assim como não há nada de errado em viver de forma modesta. Materialismo não tem a ver com possuir coisas — é uma obsessão. Conheço muitos materialistas que não têm dinheiro e muitas pessoas que não são materialistas e que têm muito dinheiro. Tenho certeza de que você conhece pessoas assim também.

Identifique o Período no Qual Você Vive Hoje

Nem todas as fases da vida são iguais, nem devemos tentar fazer com que sejam. O ideal seria que nossa vida seguisse um padrão no qual o foco mudasse, saindo de *aprender* para *ganhar* e somente depois para obter retorno. Aqui está o que quero dizer quando falo sobre essas fases:

- **Aprendizado:** quando se é jovem, seu foco deve estar em explorar seus talentos, descobrir seu propósito e aprender sobre seu ofício. Para muitas pessoas, isso acontece da adolescência até os vinte anos — no entanto há pessoas que fazem isso precocemente e outras que custam a amadurecer e só começam a fazê-lo após seus trinta anos ou mais. O momento exato não importa. O importante é que aceite que há uma fase na sua vida em que seu principal objetivo é aprender, e você não deve pegar atalhos para ganhar dinheiro e acabar perdendo uma visão mais ampla da sua vida.

- **Ganho:** se você está no caminho certo para alcançar seu propósito, aprendeu o que precisava sobre seu trabalho e está pondo isso em prática com excelência, a esperança é que consiga obter uma vida boa. Obviamente, sua escolha profissional afeta a quantidade de dinheiro que ganhará. Para muitas pessoas, a fase em que seus ganhos são mais efetivos é entre seus trinta, quarenta e cinquenta anos. Durante essa fase da vida, você deve esforçar-se para cuidar de sua família e prepararse para o futuro.
- **Retorno:** sempre devemos tentar ser generosos, independentemente de nossa idade. Mas se você trabalhou duro e traçou bem o seu plano, vai entrar em uma fase de sua vida que é a mais recompensadora, aquela na qual pode focar-se em devolver para as pessoas o que lhe foi dado. Margaret e eu estamos planejando como esperamos fazer isso nos próximos anos.

Obviamente, essas fases são generalizações, mas elas apresentam um padrão pelo qual se deve lutar. Se você é jovem, talvez esteja ansioso para sair da fase de aprendizagem. Seja paciente, porque quanto mais diligente você for na primeira fase, maior seu potencial de maximizar as outras. Se você já está velho e não estabeleceu uma base sólida, não se desespere. Continue aprendendo e crescendo. Você ainda pode terminar bem. Mas se desistir, nunca vai evoluir.

Reduza Suas Dívidas

Michael Kedwell e Steve Rhode, autores de *Get Out of Debt: Smart Solutions to Your Money Problems* (Saia das dívidas: Soluções inteligentes para seus problemas financeiros), acreditam que "cada pessoa que tem dívidas está sofrendo de algum tipo de depressão. Dívidas são uma das principais causas de divórcio, falta de sono e mau desempenho no trabalho. São realmente um dos maiores segredos que as pessoas guardam. Roubam das pessoas sua autoestima e impedem que sonhos sejam realizados".[22]

Contrair dívidas por causa de coisas que são importantes para você é uma boa ideia. Comprar uma casa, um carro para que possa trabalhar, investir nos seus estudos ou em um negócio são iniciativas boas — desde que possa administrá-las bem. Mas muitas pessoas criam dívidas por motivos frívolos. Quando você ainda está pagando por algo que nem usa mais ou que não tem mais, é sinal de que está com problemas.

Os consultores de finanças Kidwell e Rhode sugerem cinco passos para se reduzir as dívidas:

1. Pare de fazer dívidas.
2. Controle seu dinheiro.
3. Faça planos para o futuro.
4. Não espere milagres instantâneos.
5. Procure por ajuda profissional.[23]

Não deixe que aquilo que você possui ou seu estilo de vida dominem você. Se você é um escravo das dívidas, encontre uma forma de libertar-se.

Crie Sua Fórmula Financeira

Alguém já disse que a única diferença entre o rico e o pobre é que o rico investe seu dinheiro e gasta o que sobra, enquanto o pobre gasta o seu dinheiro e investe o que sobra. Se não decidir planejar suas finanças, você terá problemas. Crie um orçamento. Talvez você queira usar o método 10-10-80 que usamos. Mas faça algo! Este velho ditado está fora de moda, mas é verdadeiro: Falhar em planejar é planejar falhar.

ADMINISTRANDO SUAS FINANÇAS DE MANEIRA DISCIPLINADA

Preciso admitir que o dinheiro nunca foi minha maior motivação na vida. Na verdade, finanças estavam tão no final da minha lista de prioridades que por um tempo fui negligente com elas, o que é provavelmente a razão pela qual não tomei uma boa decisão no que concerne às finanças até meus quase quarenta anos. Mas todos nós vemos o que a falta de organização financeira pode fazer com as pessoas em seus anos de maturidade. Recentemente, meu genro Steve e eu fomos comer em um restaurante quando estávamos na Flórida, e uma adorável senhora com seus setenta e cinco anos foi nossa garçonete. Claro, você nunca sabe qual a situação das outras pessoas; algumas continuam trabalhando aos oitenta anos pelo simples prazer de trabalhar ou estar com as pessoas. Mas sei que a maioria que continua trabalhando em funções que exigem muito fisicamente durante esta fase da vida é porque não possui outra opção. Meu amigo e especialista financeiro Ron Blue disse que a renda média anual de uma pessoa com mais de sessenta e cinco anos é de 6.300 dólares.[24] No caso da nossa garçonete, tive a impressão que ela trabalha por falta de opção. Então eu e Steve lhe deixamos uma excelente gorjeta. Da próxima vez que você for atendido por uma pessoa já idosa, talvez queira ajudá-la de alguma forma.

Ainda estou aprendendo a ser disciplinado com minhas finanças. Resolvi meu problema financeiro anos atrás com o

10-10-80, mas faz apenas uma década que aprendi a administrar melhor minhas finanças nos negócios. Costumava me concentrar na visão para a organização, contratava os melhores líderes que podia achar para trabalhar comigo e depois liderava usando minhas melhores habilidades. Praticamente deixei a parte financeira do trabalho a cargo de outras pessoas. Mas meu irmão, Larry, repreendeu-me por essa atitude. Ele me disse que eu não podia negligenciar essa área só porque não era um ponto forte meu ou algo que amava. Então agora, tanto em casa quanto nos negócios, me disciplino para que isto seja uma realidade: ***todos os dias estarei concentrado no meu planejamento financeiro para que a cada dia eu tenha mais, e não menos opções.*** Quanto mais cedo tomar essa atitude e disciplinar-se para administrar suas finanças de forma saudável, mais opções você terá.

Para encarar suas finanças com a atitude correta todos os dias, faça o seguinte:

Aprenda a Ganhar Dinheiro

Para se tornar um bom administrador financeiro, você precisa ter o que administrar. É por isso que primeiro precisa se disciplinar para maximizar seu potencial de ganhos. Não quero dizer que você deva negligenciar outras áreas da sua vida para ganhar uns trocados. E também não estou sugerindo que seu foco deve ser sempre o dinheiro. Apenas mantenha uma ética de trabalho consistente e aprenda como ganhar e administrar seu dinheiro. Desenvolva um relacionamento com pessoas que são boas nesta área e aprenda com elas. Também há vários bons livros sobre finança corporativa e doméstica.

Ética de trabalho, por outro lado, tem mais a ver com desejo do que conhecimento. Vem de dentro. Qualquer coisa pode alimentar esse desejo: a paixão por servir os outros, a chance de mudar de vida, a visão do progresso ou uma paixão pessoal. O que geralmente apaga o fogo do desejo é a crença de que se trabalha muito por muito pouco.

Se você se pega pensando que seu trabalho é especialmente difícil, precisa enxergar as coisas sob outra perspectiva. Dê uma olhada nas regras que os empregados da Mt. Corry Carruagens e Serralheria precisavam seguir em 1872:

1. Os empregados varrerão o chão e tirarão o pó de móveis, prateleiras e mostruários.
2. Todos os dias abastecerão as lâmpadas, limparão as chaminés e cortarão o pavio; e lavarão as janelas uma vez por semana.
3. Cada secretário trará um balde com água e carvão para o dia de trabalho.
4. Prepare suas canetas com cuidado. Você pode afiar a ponta de acordo com a preferência pessoal.
5. Este escritório abrirá às 7 e fechará às 20 horas diariamente, com exceção do Sabbath.
6. Os homens terão uma noite de folga por semana, com o propósito de fazerem a côrte, ou duas se forem regularmente à igreja.
7. Todos os empregados devem separar de cada pagamento uma boa soma dos seus proventos para ser usada durante seus anos de velhice, para que não se tornem um fardo dependendo da caridade daqueles que são superiores a eles.
8. Qualquer empregado que fume charutos espanhóis, que faça uso de bebida alcoólica sob qualquer forma, que faça a barba no barbeiro ou frequente salões públicos

dará bom motivo para se suspeitar de seu valor, suas intenções, sua integridade e honestidade.

9. O empregado que executar seu trabalho fielmente e sem faltar durante cinco anos e que tenha sido econômico e atento aos seus deveres religiosos e é visto pelo seu companheiro como um cidadão que rigorosamente obedece às leis, terá um aumento de 5 centavos por dia em seu pagamento, com a condição de que isso retorne em lucro para a empresa.

Nós desfrutamos de muitas vantagens hoje das quais muitas pessoas em gerações anteriores não usufruíam. Uma delas é que não precisamos atender às mesmas expectativas que as pessoas nos séculos anteriores. Com a atitude certa e com a disposição de pagar o preço, quase todo mundo pode buscar praticamente qualquer oportunidade e ser bem-sucedido.

Seja Grato Todos os Dias

Uma das coisas mais importantes que você pode fazer por si mesmo é manter sua perspectiva e ser grato por aquilo que tem. O poeta Rudyard Kipling uma vez disse isso a sua plateia enquanto falava em uma cerimônia de formatura: "Não dê muita atenção a fama, poder ou dinheiro. Um dia você conhecerá alguém que não se importa com nenhuma dessas coisas e então saberá o quanto você é pobre". Se trabalhar duro e mantiver uma postura de gratidão, você achará mais fácil administrar suas finanças todos os dias.

Não Se Compare Aos Outros

Sempre que uma pessoa começa a se comparar a outra, ela se mete em problemas. Comparações ligadas a dinheiro e posses podem ser especialmente prejudiciais. Tentar estar no mesmo nível que os vizinhos ou aparentar ser bem-sucedido financeiramente faz com que muitas pessoas contraiam dívidas horríveis. O escritor da seção de economia da revista *New Yorker* James Surowiecki diz: "Os americanos sempre estiveram contaminados pela doença que alguns chamam de 'febre do luxo' ou 'affluenza'. Mesmo que não sejamos ricos, queremos parecer que somos".[25]

Se você vir seus vizinhos comprando móveis novos, tirando férias caras e dirigindo um carro novo todo ano, alguma coisa dentro de você o incita a fazer o mesmo? Essa pessoa *parecer* estar em situação melhor do que você não quer dizer nada. Seus vizinhos podem ganhar o dobro que você. Ou podem estar devendo até a alma e às portas da falência. Não faça suposições e não tente ser igual a outra pessoa.

Dê o Máximo Que Puder

O autor Bruce Larson diz: "Dinheiro é ter um outro par de mãos para que possamos curar, alimentar e abençoar as famílias sem esperança na terra... Em outras palavras, o dinheiro é um outro eu. O dinheiro pode ir aonde não tenho tempo para ir, aonde não tenho um passaporte para ir. Meu dinheiro pode ir no meu lugar e curar, alimentar, abençoar e ajudar. O dinheiro de um homem é uma extensão dele". Isso é verdade a respeito do seu dinheiro, mas apenas se você estiver disposto a dividi-lo. Ou para falar de uma maneira mais bonita, como fez o fundador da marca de roupa Hanna Andersson, Gun Denhart: "Dinheiro é como estrume. Se você o acumula, ele apenas cheira mal. Mas se o espalha, você pode estimular o crescimento das coisas".

Meu irmão, Larry, recentemente me deu essa citação de Blaise Pascal: "Amo a pobreza porque Jesus a amou. Amo a riqueza porque ela me dá os meios necessários para ajudar os necessitados".

Mencionei muito a palavra "opções" neste capítulo. Essa pode parecer uma palavra egoísta para você. Mas preciso lhe dizer: para mim, ter opções significa servir. O filantropo Andrew Carnegie disse que seu objetivo era gastar a primeira metade da sua vida acumulando riquezas e a segunda metade dando o que acumulou. Que ideia excelente! Meu desejo é passar os próximos anos dando às pessoas. Não poderei fazê-lo na mesma escala que Carnegie fez, mas isso não importa. O que importa é que eu faça o que posso sendo disciplinado na minha vida financeira.

Sua Decisão em Relação às Suas Finanças Hoje

Qual o seu posicionamento em relação às suas finanças hoje? Pergunte-se estas três coisas:

1. Já tomei a decisão de ganhar dinheiro e administrá-lo de forma adequada diariamente?
2. Em caso afirmativo, quando tomei essa decisão?
3. O que decidi exatamente?

Disciplinando Suas Finanças Diariamente

Com base na atitude que tomou no que diz respeito às suas finanças, qual disciplina você precisa praticar *hoje e sempre* para ser bem-sucedido?

8

Fé

Cresci em um ambiente familiar cercado pela fé. Meu pai, Melvin, tornou-se pastor ainda jovem e continuou no ministério até os oitenta e três anos de idade. Escutei a respeito da fé por meio dele e de minha mãe, Laura, todos os dias enquanto crescia. Mas você não pode se apoiar na fé de outra pessoa. Não existem netos espirituais. Cada pessoa tem que tomar sua própria decisão e agir de forma íntegra baseada nela. Aos dezessete anos, tomei minha decisão de fé: ***aceitarei o presente de Deus, Seu Filho Jesus Cristo, como meu Salvador.***

Esta decisão, mais do que qualquer outra, moldou minha vida. Ela forjou minha visão de mundo. O reconhecimento do fato de que Deus ama a todos influenciou a visão que tenho dos outros. O princípio de que se deve tratar os outros como você gostaria de ser tratado me ensinou como lidar com as pessoas. O amor de Deus por mim faz com que eu tenha uma excelente autoestima. E a Bíblia me ensinou a ser um líder. Toda vez que me pedem para autografar uma cópia da *Bíblia da Liderança*, uma edição da Bíblia com notas a respeito de liderança fruto dos meus trinta anos de estudo bíblico sobre o assunto, escrevo: "Tudo o que sei sobre liderança aprendi com este livro." É um privilégio para mim ser membro da diretoria nacional do *Center for Faith Walk Leadership*. A organização, criada pelo meu amigo Ken Blanchard, encoraja que se lidere no ambiente de trabalho com o mais alto padrão de qualidade. Ken quer dizer o seguinte com isso:

> Isso não tem a ver com lucro, com ser respeitado em Wall Street ou ser elogiado pelos seus colegas. Não tem a ver com receber os créditos, as promoções ou os aumentos de salário. Tem a ver com trabalhar com seus liderados para obter resultados que honrem a Deus. Tem a ver com pessoas, serviço e resultado. É uma nova maneira de liderar baseada nos ensinamentos de Jesus, o maior líder de todos os tempos. Ele deu aos seus seguidores uma visão maior do que eles mesmos. Constantemente lhes lembrava dos resultados em longo prazo que seria fruto do trabalho que estavam realizando. Permitia que aqueles ao seu redor falhassem, mas fazia com que assumissem a responsabilidade. Ele os redirecionava. Os perdoava e despertava o melhor nas pessoas. O resultado? Começou um movimento que continua a ter sucesso mais de dois mil anos depois.

A verdadeira liderança começa pelo coração — pelo caráter. A mensagem fundamental de Deus não fala sobre agir diferente, mas se tornar diferente. Agir de forma honesta, mas tornar-se alguém honesto. Só assim a honestidade estará no centro do seu estilo de liderança. Estará no centro da sua vida.

Minha fé não me deu apenas paz; ela me deu um incrível modelo de liderança e vida.

TOMANDO A DECISÃO DE APROFUNDAR E VIVER MINHA FÉ DIARIAMENTE

Se você deseja fazer uma busca honesta pela fé, tenha em mente que:

Nós Já Temos Fé... A Escolha Realmente Importante é Para Onde Direcioná-La

O autor John Bisango observou: "A fé está na essência da vida. Você vai a um médico cujo nome não consegue pronunciar. Ele lhe dá uma receita que você não consegue ler. Você a leva a um farmacêutico que nunca viu. Ele lhe dá um remédio que você não sabe bem o que é e ainda assim você o toma".

Todos nós temos fé. Todos os dias agimos de acordo com crenças que possuem pouca ou nenhuma evidência que as fundamente. Isso também é verdade no que diz respeito às coisas espirituais. Assim como uma pessoa crê que Deus é real, um ateu tem fé que Deus não existe. Ambos possuem uma profunda convicção e nenhum dos dois possui qualquer evidência que prove seu ponto de vista. Neste momento, você já tem fé em algo. Seu alvo deve ser aliar suas crenças com a verdade. Busque a verdade e tenho certeza de que a encontrará.

Entenda que a Fé Frequentemente Nasce na Adversidade

Já compartilhei que alguns céticos veem a fé como algo negativo, quase como um sinal de fraqueza. Se a fé é algo novo para você e você não sabe exatamente como abordá-la, então o aconselharia a vê-la como uma oportunidade de fazer uma correção de curso na jornada da vida. Em uma peça de T. S. Elliot, um dos mais influentes poetas do século XX, um personagem expressa o que é fé da seguinte forma: ele descreve a fé que nasce de uma grande decepção. Ele a chama de "tipo de fé que vem depois do desespero. O destino não pode ser descrito; você saberá muito pouco até chegar lá; viajará às cegas. Mas o caminho o leva em direção a possuir aquilo que procurou no lugar errado".

Se você está experimentando dificuldades, permita-se buscar a fé como uma resposta para isso. Henri Nouwen disse: "O melhor de sua vida é reconhecer e acreditar que muitos acontecimentos inesperados não são apenas interrupções incômodas para nossos projetos, mas a forma que Deus encontra para moldar nossos corações e nos preparar". A fé não apenas pode lhe ajudar ao atravessar uma crise, ela pode ajudá-lo a encarar a vida depois de momentos difíceis com uma perspectiva totalmente nova. Ela pode ajudá-lo a adotar uma percepção otimista e corajosa para encarar a realidade.

Uma Fé que Não Foi Testada Não é Confiável

Não é o bastante apenas tomar uma decisão de fé. Se quer viver de acordo com ela, você precisa trabalhar para aprofundá-la. A fé somente lhe dará paz e força se não for superficial. Quanto mais profunda a fé, maior o seu potencial para ajudá-lo a atravessar os momentos difíceis. Como o Rabino Abraham Heschel disse: "uma fé como a de Jó não pode ser enfraquecida, porque ela própria é resultado da fraqueza".

É possível que na história recente nada tenha testado a fé de tantas pessoas de forma tão dura como o Holocausto. O psiquiatra vienense Viktor Frankl foi um dos sobreviventes das atrocidades nazistas. Ele ficou de 1942 a 1945 nos campos de concentração de Auschwitz e Dachau. Frankl uma vez disse: "Uma fé frágil é enfraquecida por situações difíceis e catástrofes enquanto uma fé forte é fortalecida por elas". Apesar dos horrores que testemunhou e o tratamento que sofreu, sua fé não foi enfraquecida — foi aprofundada.

ADMINISTRANDO SUA FÉ DE FORMA DISCIPLINADA

Milhares de livros foram escritos sobre como ter disciplina no que diz respeito à fé. Talvez porque isso seja algo muito difícil. Para mim, a disciplina nessa área pode ser resumida em uma frase: ***todos os dias viver e liderar como Jesus.*** Apesar de serem palavras simples, agir de acordo com elas não é. Viver a minha fé de forma disciplinada é um dos grandes desafios de meus Doze Mandamentos Diários. O problema é que, ao invés de ser como Jesus, frequentemente quero ser como John Maxwell! Ainda não alcancei o alvo totalmente, mas tendo Deus como meu ajudador, continuo crescendo. E quando consigo seguir seus passos e vivo de acordos com seus princípios, as pessoas são ajudadas e me sinto realizado.

A seguir há quatro sugestões para administrar sua fé com disciplina:

1. Abrace o Valor da Fé

Já dei uma série de razões pelas quais creio que a fé é benéfica. Mas deixe-me acrescentar algo a essa lista. Há coisas que você só alcançará por meio da fé. No passado, muitas pessoas esperavam que a ciência fornecesse todas as respostas para as indagações da vida. Mas a ciência não pode fazer isso. Ironicamente, aquilo que é considerado fato científico muda a cada geração. Preste atenção a como os cientistas viam nosso sistema solar. Ptolomeu afirmou que a Terra era o centro dele. Copérnico afirmou que o Sol era o seu centro e os planetas se moviam em órbitas circulares ao seu redor. Kepler provou que as órbitas eram elípticas.

Hoje, os cientistas não discutem mais sobre a estrutura do sistema solar, mas as ideias sobre como ele foi formado mudam continuamente. Na verdade, esta semana os cientistas descobriram o que estão agora chamando de *o mais antigo planeta conhecido no agrupamento de estrelas globular M4.* Dizem que essa é uma "revelação impressionante que obrigará os cientistas a reverem suas ideias a respeito da formação do planeta".[26]

Contraste a ciência e a fé. O cerne das crenças judaicas e cristãs é o mesmo há milhares de anos. Há um aspecto espiritual da vida humana que não pode ser negado. Necessidades espirituais precisam ser supridas espiritualmente. Nada além disso irá preencher o vazio que há em cada um de nós.

2. Ponha Deus em Cena

Conta-se uma história sobre um homem dirigindo um conversível em uma estrada no alto de uma montanha que não conseguiu fazer uma curva inesperada e caiu em um abismo. Enquanto seu carro caía, ele conseguiu se agarrar a uma árvore que estava brotando na superfície do penhasco enquanto seu carro despencava quilômetros abaixo, até chegar à base do desfiladeiro.

"Socorro!", gritou. "Alguém pode me ouvir?". Um eco foi a única resposta.

"Deus, você pode me ouvir?", exclamou.

De repente, as nuvens se abriram e uma voz como o trovão disse: "Sim, estou ouvindo você".

"Você pode me ajudar?".

"Posso. Você crê em mim?".

"Creio".

"Confia em mim?".

"Confio, claro. Por favor, rápido".

"Se confia em mim, solte a árvore", falou a voz como um trovão.

Depois de um longo momento de silêncio, o homem gritou: "Mais alguém está me ouvindo?".

Se você quer abraçar a fé, precisa permitir que Deus entre em sua vida. Ninguém mais é digno de nossa confiança absoluta e incondicional. O teólogo F. B. Meyer disse: "A descrença faz com que aquilo que está ao nosso redor nos separe de Deus. A fé põe Deus entre nós e aquilo que nos cerca". Quem não gostaria de ter o criador do universo o ajudando? Tiago, um dos pais da Igreja do primeiro século, nos advertiu: "Aproxime-se de Deus e ele se aproximará de você".[27]

3. Una-se a Pessoas de Fé

O comediante Bob Hope foi ao aeroporto encontrar sua esposa, Dolores, que fizera uma viagem para realizar trabalhos de caridade para a igreja Católica. Quando seu avião particular pousou, as duas primeiras pessoas a sair foram dois padres. Então, Dolores saiu, seguida por mais quatro padres. Hope virou-se para um amigo que estava perto e falou sarcasticamente: "Não sei por que ela não faz um seguro como todas as outras pessoas!".

É fato que você se torna mais parecido com as pessoas com quem você convive. Se deseja aumentar sua fé, passe mais tempo com pessoas que a exercitem. Aprenda com elas. Descubra o que pensam.

4. Busque e Aprofunde sua Fé

Desenvolver sua fé é muito parecido com desenvolver o seu físico. Talvez seja por isso que a Bíblia possui tantas metáforas ligadas a esportes para falar do crescimento espiritual. Se quer ficar em forma, você precisa exercitarse regularmente. Se não o faz, você não apenas deixa de ter condicionamento físico e força, como também perde o que já ganhou.

D. L. Moody, pregador do século XIX que fundou o Seminário Northfield e o Instituto Bíblico Moody, explica como sua fé foi desenvolvida. Ele diz: "Orei pedindo fé e pensei que ela cairia sobre mim um dia como um raio. Mas a fé parecia não chegar. Um dia li um trecho de Romanos, 'a fé vem pelo o ouvir, e ouvir a Palavra de Deus'. Eu havia fechado a Bíblia e simplesmente pedido por fé. Agora abri minha Bíblia, comecei a estudar e a fé tem crescido desde então".

Sua Decisão em Relação à Fé Hoje

Qual o seu posicionamento em relação à sua fé hoje? Pergunte-se estas três coisas:

1. Já tomei a decisão de viver minha fé e aprofundá-la diariamente?
2. Em caso afirmativo, quando tomei essa decisão?
3. O que decidi exatamente?

Disciplinando Sua Fé Diariamente

Com base na atitude que tomou no que diz respeito à sua fé, qual disciplina você precisa praticar *hoje e sempre* para ser bem-sucedido?

9

Relacionamentos

Quando estava na faculdade, em 1965, estudei *Introdução à Psicologia* com o Dr. David Van Hoose. Certa vez em uma de suas aulas, o Dr. Hoose disse algo que realmente chamou minha atenção. Ele observou: "Se tem um amigo verdadeiro, você tem muita sorte. Se tem dois, isso é extremamente incomum." Fiquei chocado. Como um estudante simpático e falante, pensei que todos tinham muitos amigos como eu. Ainda que o Dr. Van Hoose tenha dito que a amizade é caracterizada pelo amor incondicional, continuei pasmo.

Relacionamentos sempre foram importantes para mim, por isso desenvolvi a habilidade de lidar com pessoas ainda muito jovem. No início da minha adolescência, meu pai me estimulou a ler *Como Fazer Amigos e Influenciar Pessoas*, de Dale Carnegie. Vou sempre lembrar o conselho que o especialista em relacionamentos deu neste livro: "Para fazer amigos, precisa-se primeiro ser amigável".[28] Adotei a recomendação, mas depois de ouvir as palavras do meu professor de Psicologia, decidi agir de forma mais premeditada e levar os relacionamentos a um novo nível em minha vida. Foi aí que tomei a seguinte decisão no que diz respeito aos relacionamentos: ***começarei a investir em relacionamentos.***

TOMANDO A DECISÃO DE INICIAR E INVESTIR EM RELACIONAMENTOS SÓLIDOS DIARIAMENTE

Muitas pessoas não se responsabilizam pelos seus relacionamentos. Apenas deixam que as coisas aconteçam com elas. Mas, para ter uma relação sólida, do tipo que faz com que a gente se sinta realizado, você precisa mudar sua atitude no que diz respeito à forma como age com as pessoas. Aqui estão algumas maneiras por meio das quais você pode fazer isso:

Valorize As Pessoas

É fato, se você não se importa com as pessoas, é pouco provável que construir bons relacionamentos se torne uma prioridade em sua vida. Meu amigo Ken Blanchard, autor de *Fãs Incondicionais e Grandes Feitos*, costuma brincar dizendo que o Departamento de Veículos Motorizados americano procura e contrata pessoas que odeiam pessoas. Quando vai tirar sua carteira de motorista, você já espera não ser bem tratado. O que Les Giblin, eleito o melhor vendedor do ano nos Estados Unidos, sempre diz é verdade: "Não se pode fazer com que seu companheiro se sinta importante perto de você, se secretamente você o considera um zé-ninguém".

O segredo é valorizar as pessoas. Espere o melhor de todos. Assuma que a motivação delas é boa, a não ser que provem o contrário. Valorize-as pelos seus melhores momentos. E lhes ofereça a sua amizade em vez de cobrar a delas. No final das contas essa decisão caberá a elas.

Aprenda a Entender As Pessoas

Tom Peters e Nancy Austin, autores de *Paixão pela Excelência*, afirmam que "a causa número um de problemas de produtividade gerencial nos Estados Unidos é bastante simples: gerentes que estão fora de sintonia com as pessoas que trabalham para eles e com seus clientes".[29] Creio que uma explicação possível para isso é que gerentes não valorizam pessoas. Mas ela não é verdadeira. Muitas pessoas se importam com as outras, mas continuam fora de sintonia. Nesses casos, acho que o problema é que não as entendem.

Se você deseja entendê-las melhor para construir relacionamentos positivos, então mantenha em mente as seguintes verdades sobre as pessoas – e as atitudes que pode tomar para preencher a lacuna que geralmente é deixada por elas:

- Pessoas são inseguras... Torne-as confiantes.
- Pessoas querem se sentir especiais... Elogie-as sinceramente.
- Pessoas querem ter um amanhã melhor... Dê esperança a elas.
- Pessoas precisam ser compreendidas... Escute-as.
- Pessoas são egoístas... Atenda as necessidades delas primeiro.
- Pessoas ficam emocionalmente abatidas... Encoraje-as.
- Pessoas querem estar associadas ao sucesso... Ajude-as a vencer.

Quando você entende as pessoas, não leva os erros delas para o lado pessoal e as ajuda a serem bem-sucedidas, você prepara o solo para bons relacionamentos.

Respeite as Pessoas Liberalmente, Mas Espere Ganhar Respeito Também

Um dia, um indivíduo que estava chegando ao aeroporto viu um homem de negócios bem vestido gritando com um funcionário do aeroporto por causa da maneira como ele estava carregando sua bagagem. Quanto mais irritado o homem de negócios ficava, mais calmo e profissional o funcionário parecia estar. Quando o homem grosseiro foi embora, o outro que estava chegando cumprimentou o funcionário pelo seu domínio próprio. "Ah, não foi nada," disse ele. "Esse homem está indo para Miami, mas suas malas vão para Kalamazu". Pessoas que são desrespeitosas com outras sempre se ferem nas relações — e frequentemente colhem outras consequências negativas.

Acredito que todo ser humano merece ser tratado com respeito, porque todos têm valor. E também percebi que respeitar as pessoas antes delas respeitarem você é uma das formas mais eficazes de interagir com os outros.

No entanto, isso não quer dizer que você não pode exigir respeito em troca. Você deve conquistá-lo. Se respeita as outras pessoas, respeita a si mesmo e mostra competência, elas irão quase sempre respeitá-lo. Se todos se tratassem com respeito, o mundo seria um lugar melhor.

Comprometa-se a Agregar Valor aos Outros

O pregador Charles Spurgeon, que viveu no século XIX, adverte: "Grave seu nome em corações e não em mármore". A melhor forma de fazer isso é agregando valor aos outros. Faça isso da seguinte forma:

- Procurando por habilidades nas outras pessoas.
- Ajudando os outros a descobrirem suas habilidades.
- Ajudando os outros a desenvolverem suas habilidades.

Alguns encaram qualquer interação com outras pessoas como uma transação. Estão dispostos a agregar valor, mas só se esperarem receber algo em troca. Se você deseja fazer dos relacionamentos uma prioridade, precisa checar sua motivação para ter certeza de que não está tentando manipular os outros em proveito próprio.

Para ter certeza de que tem a motivação correta, aceite este conselho de Leo Buscaglia, autor de *Amando Uns aos Outros*: "Sempre comece um relacionamento fazendo as seguintes perguntas: "Tenho motivos escusos para querer me relacionar com essa pessoa? Importo-me com ela de acordo com as circunstâncias? Estou tentando fugir de algo? Planejo mudá-la? Preciso dessa pessoa para compensar alguma deficiência minha? Se sua resposta para qualquer dessas questões for 'sim', deixe essa pessoa em paz. Ele ou ela estará melhor sem você".[30]

ADMINISTRANDO DE FORMA DISCIPLINADA A CONSTRUÇÃO DE SEUS RELACIONAMENTOS

Muitas vezes pensamos que não corrermos o risco de que nossos relacionamentos se desgastem. Por esse motivo, não damos a eles o que merecem ou exigem. Mas bons relacionamentos exigem muito esforço. Para manter minhas relações nos trilhos, tendo certeza de que estou investindo nelas da maneira correta para serem bem-sucedidas, decidi agir disciplinadamente, da seguinte forma: ***todos os dias faço o esforço consciente de demonstrar boa vontade em meus relacionamentos com as outras pessoas.***

Isso significa que dou mais do que espero receber, amo incondicionalmente, procurando formas de agregar valor às pessoas, e trago contentamento para os relacionamentos que considero preciosos. Todas as noites, avalio essa área da minha vida me perguntando: "Fui cuidadoso com as pessoas hoje? Elas ficaram felizes por ter passado tempo comigo?". Se a resposta for 'sim', então fiz minha parte.

Se você deseja aperfeiçoar seus relacionamentos por meio de suas ações diárias, então faça o seguinte:

Coloque os Outros em Primeiro Lugar

A melhor forma de começar com o pé direito é colocar os outros em primeiro lugar. E a forma mais simples de colocar isso em prática é fazer a eles aquilo que gostaria que fizessem a você. Se você adotar essa maneira de pensar na convivência com os outros, não haverá como errar. Mas há também outras formas de mostrar às pessoas que elas são importantes para você e que está interessado no bem-estar delas: ande vagarosamente no meio da multidão, lembre o nome delas, sorria para todos e ofereça ajuda rapidamente. As pessoas não se importam com o quanto você sabe até saberem o quanto você se importa.

Não Carregue Bagagem Emocional

Poucas coisas pesam tanto quanto antigas feridas e ofensas carregadas por alguém dia após dia. Se quiser desfrutar do seu tempo com outras pessoas, precisa se livrar desse tipo de fardo. Você não pode guardar mágoa por causa de antigos erros e esperar que as relações deem certo. Se alguém o feriu e você precisa conversar sobre isso e pôr as cartas na mesa, faça-o imediatamente. Resolva e deixe para trás. Se não vale a pena trazer à tona, esqueça e siga adiante.

Dedique Tempo aos Seus Relacionamentos Mais Valiosos

Muitas pessoas gastam todas as energias que têm para se relacionar usando como critério quem chega primeiro e quem o serve primeiro. Quem primeiro prender a atenção delas irá consumir todo o seu tempo. É por isso que os problemáticos consomem muito mais atenção que os produtivos e é por isso que tantas pessoas não têm nada mais a oferecer quando chegam em casa. Se você leu o capítulo sobre família, deve saber que creio que seus relacionamentos mais importantes são aqueles que constrói com seus familiares. Depois disso devem vir as outras relações que considera mais importantes. É uma questão de saber organizar adequadamente suas prioridades.

Sirva aos Outros com Alegria

Uma vez escutei o executivo de uma companhia aérea explicar porque é tão difícil contratar e treinar pessoas nessa área. Ele disse que a única coisa que tem para vender é serviço, mas essa é a coisa mais difícil a se ensinar, porque ninguém quer pensar em si mesmo como alguém que serve.

Hellen Keller disse: "A vida é excelente, ainda mais quando vivemos para os outros". Acho que isso é verdade. Quanto mais vivo, mais fico convencido que agregar valor aos outros é a melhor coisa que podemos fazer na vida. Por causa disso, quando sirvo, tento fazê-lo com a máxima alegria e causar o máximo de impacto possível.

Expresse Amor e Estima Pelos Outros

Depois que tive meu infarto, muitas pessoas me perguntaram: "Qual era sua principal sensação? Medo, pânico, indagações?". Minha resposta surpreendeu a muitas delas. Na verdade, surpreendeu a mim mesmo. Era amor. Mais do que qualquer outra coisa nesses momentos dolorosos, nos quais não tinha certeza se iria viver ou morrer, queria dizer às pessoas mais próximas a mim como as amava — minha família, as pessoas que trabalham comigo, amigos de longa data. Aprendi que nunca é demais falar para as pessoas o quanto as amamos.

Acredito que muitas pessoas acham que a melhor maneira de ajudar os outros é criticando, para lhes dar o benefício de sua "sabedoria". Eu discordo. A melhor maneira de ajudar as pessoas é ver o que há de melhor nelas. Quero encorajar todas as pessoas que conheço. Quero que elas saibam o que vejo de bom nelas. Pratico o princípio dos 101%. Procuro por uma coisa que admire nelas e as encorajo 100% por causa disso. É bom para mim gostar delas. É bom para elas que gostem de mim. E o que pode ser melhor para se começar um relacionamento?

Sua Decisão em Relação aos Seus Relacionamentos Hoje

Qual o seu posicionamento em relação aos seus relacionamentos hoje? Pergunte-se estas três coisas:

1. Já tomei a decisão de iniciar e investir em relacionamentos sólidos diariamente?
2. Em caso afirmativo, quando tomei essa decisão?
3. O que decidi exatamente?

Disciplinando Seus Relacionamentos Diariamente

Com base na atitude que tomou no que diz respeito aos seus relacionamentos, qual disciplina você precisa praticar *hoje e sempre* para ser bem-sucedido?

10

Generosidade

Quando minha esposa Margaret e eu começamos nossa vida juntos, logo nas primeiras semanas depois do nosso casamento nós nos mudamos para Hillham, Indiana, onde tive meu primeiro emprego. A igreja que me contratou podia pagar apenas oito dólares por semana, então Margaret teve diversos empregos para que nossa renda fosse suficiente. Aquela época foi muito difícil para nós, financeiramente falando, apesar de terem sido dias cheios de muita alegria.

Durante todo esse tempo, meu irmão Larry estava começando a ter sucesso no mundo dos negócios e ia muito bem financeiramente. Larry e sua esposa, Anita, viram que estávamos com dificuldades e, durante esses anos, foram muito generosos conosco. As únicas férias que tivemos foram aquelas para as quais eles nos convidaram e pagaram. Todas as roupas boas que tínhamos eram resultado da generosidade deles. Larry pagou todas as despesas para que eu fizesse um curso de Administração. Sempre seremos gratos a eles.

Quando me lembro dessa época, três pensamentos me vêm claramente. Primeiro, Margaret e eu nunca tivemos inveja do sucesso financeiro de Larry e Anita. Estávamos muito felizes por eles e nem por um momento cobiçamos o que tinham. Em segundo lugar, podíamos ver que seu espírito generoso era uma fonte de alegria para eles e uma bênção para nós. Em terceiro lugar, comecei a perceber o grande valor que há em ter um estilo de vida generoso. Foi então que tomei outra das minhas decisões de vida: ***viverei para dar.*** Margaret e eu reconhecemos que a grandeza não é definida por aquilo que uma pessoa recebe, mas por aquilo que uma pessoa dá. A verdadeira generosidade não é fruto de sua renda — ela começa pelo coração. Tem a ver com servir os outros e procurar maneiras de agregar valor às pessoas. Isso é o que faz sua vida ter significado.

TOMANDO A DECISÃO DE PLANEJAR AGIR E DE FATO AGIR COM GENEROSIDADE DIARIAMENTE

Se deseja tornar-se generoso fazendo da generosidade parte de sua vida diária, faça o seguinte:

Doe Seu Dinheiro

A forma como as pessoas lidam com o dinheiro define sua atitude em relação a muitas outras coisas em suas vidas. Onde quer que seu dinheiro esteja, é lá que sua atenção estará focada. Percebeu como isso é verdade? Se você investe pesado no mercado de ações, provavelmente checa a página de finanças e seus ganhos frequentemente. Se gasta muito dinheiro em uma casa, você provavelmente investe muito esforço e tempo para cuidar dela. Se der muito dinheiro para uma igreja ou para o seu projeto social preferido, se importará sobre como o dinheiro é usado e também com o sucesso dessa organização.

Essa verdade é encontrada até mesmo na Bíblia. Na verdade, a Bíblia traz um conhecimento claro e profundo sobre dinheiro. Acredite ou não, há mais ensinamentos nela sobre dinheiro do que sobre oração! Uma das observações mais impressionantes é esta: "Onde está o seu tesouro, ali estará o seu coração".[31]

Se você dá dinheiro às pessoas, tanto diretamente quanto por meio de um projeto social sério, irá se importar mais com elas. E isso o ajudará a desenvolver um espírito mais generoso. Você precisa dar o primeiro passo para que então o ato de doar se torne algo natural. Se esperar até sentir vontade de fazer isso, talvez aguarde para sempre. Andrew Carnegie, o magnata do aço que doou milhares de dólares, disse: "Nenhum homem se torna rico a não ser que enriqueça também os outros".

Doe-se aos Outros

O que as pessoas frequentemente valorizam mais do que o dinheiro? A resposta é: a sua atenção e o seu tempo. Pense nisso. O que exige maior esforço: assinar um cheque ou doar seu tempo? O que demonstra o maior grau de comprometimento? Meu amigo Larry Burkett disse: "Onde não há doação, não há comprometimento". Creio que isso é verdade. As pessoas mais próximas a você prefeririam ter você em lugar de ter o seu dinheiro.

O desejo de uma criança é ter a atenção exclusiva dos pais mais do que qualquer outra coisa. Até mesmo funcionários perspicazes com grande potencial entendem que um bom mentor é mais valioso do que uma mera recompensa financeira. Dinheiro pode comprar coisas, mas um bom mentor garante um futuro melhor. Quando se doa, você está sendo o mais generoso possível.

Pare para pensar nas pessoas que tiveram maior impacto em sua vida. Talvez tenha sido um professor que o ajudou a entender que você podia pensar e aprender. Talvez seu pai ou sua mãe, uma tia ou um tio que fez com que se sentisse amado e aceito. Ou talvez um treinador ou um patrão que viu seu potencial, mostrou a você uma perspectiva positiva do seu futuro e então o equipou e o desafiou a alcançar algo melhor. Eles o ajudaram a se tornar a pessoa que você foi criada para ser. Qual presente poderia ser melhor do que este?

O Rabino Harold Kushner disse: "O propósito da vida não é vencer. O propósito da vida é crescer e compartilhar. Quando olhar para trás e ver tudo que fez na vida, ficará mais satisfeito com o prazer que proporcionou a outras pessoas do que com os momentos que as deixou para trás e as derrotou". Quando investe em alguém pelo simples prazer de ver essa pessoa florescer, sem pensar em qualquer benefício que possa receber, você será o tipo de pessoa generosa que todos querem ter por perto. E seus dias serão verdadeiras obras-primas.

Algumas pessoas veem o dar aos outros como mais do que um ato gentil e caridoso. Elas veem isso como uma obrigação. O médico e missionário Sir Wilfred T. Grenfell disse: "O serviço que prestamos aos outros é realmente o aluguel que pagamos pelo nosso lugar na terra. É óbvio que o homem é em si mesmo um viajante; por isso o propósito deste mundo não é 'ter e guardar' mas 'dar e servir'. Nada além disso faz sentido".

ADMINISTRANDO SUA GENEROSIDADE DE FORMA DISCIPLINADA

É muito fácil viver só para você mesmo. Na verdade, talvez essa seja a inclinação pessoal de todos. Sei que é a minha. Mas podemos escolher outra conduta e sermos generosos.

Meu desejo é ser o tipo de pessoa que gostaria de ter por perto. Para me ajudar com isso, disciplino-me, lembrando de algo: ***todos os dias agregarei valor aos outros.***

O que significa agregar valor aos outros? Como se faz isso? Aqui estão os primeiros passos:

- **Valorize as pessoas:** isso significa tratar todos com respeito.
- **Saiba o que as pessoas valorizam:** isso significa escutar e procurar entender os outros.
- **Torne-se mais valoroso:** isso significa crescer para poder dar mais. Não posso dar aquilo que não possuo.
- **Faça coisas que Deus valoriza:** já que Ele ama as pessoas incondicionalmente, devo fazer o mesmo.

Quando valoriza as pessoas, você abre a porta para a generosidade. E fica muito mais fácil planejar agir e de fato agir com generosidade. Se tiver adotado esse ponto de vista, você está pronto para ser generoso para com as pessoas. Pense nestas coisas enquanto se esforça para ser disciplinado, tendo atitudes generosas todos os dias:

Não Espere ser Próspero Para ser Generoso

Por ter trabalhado no ministério por mais de vinte e cinco anos, sei qual é o modelo de doação seguido pelas pessoas e sei qual é o seu posicionamento no que concerne ao dinheiro. Uma das coisas que ouvi muita gente dizer é que se um dia tivessem muito dinheiro, então elas se tornariam generosas. Pessoas que dizem isso geralmente estão se enganando.

Não há qualquer relação entre quanto uma pessoa ganha e o seu desejo de dar. Algumas das pessoas mais generosas que conheço não possuem nada material. E conheço muitas outras que têm muito para dar, mas não possuem um coração doador. As estatísticas comprovam isso. A renda média per capita no estado do Mississipi é a segunda mais baixa nos Estados Unidos e ainda assim ele está em sexto lugar na lista dos estados onde há maior número de doações para projetos sociais. Por outro lado, New Hampshire possui a sexta maior renda per capita. Você sabe qual a posição desse estado na lista de doações para projetos sociais levando em conta o valor de sua renda? Ele está em 45º lugar.[32]

Prosperidade e uma renda alta não ajudam as pessoas a serem generosas. Na verdade, Henry Ward Beecher, irmão da novelista Harriet Beecher Stowe, alertou sobre a possibilidade dessas coisas tornarem as pessoas menos propensas a dar. Ele disse: "Cuidado para que a prosperidade não destrua a generosidade". Os americanos vivem no país mais rico do mundo durante o período mais próspero de sua história. Ainda assim eles não doam muito. Hoje, 2,5% de nossa renda vai para projetos sociais. Essa porcentagem é mais baixa do que era durante a Grande Depressão (2.9%)33. E 80% dos americanos que ganham pelo menos 1 milhão por ano não deixam nada para projetos sociais em seus testamentos.[34]

Pessoas não fazem doações do alto de suas riquezas, mas do fundo de seus corações. Se deseja tornarse uma pessoa mais generosa, não espere até que sua renda mude. Mude seu coração primeiro. Faça isso e você pode tornar-se um doador, independente da sua situação financeira.

Encontre um Motivo Para Doar Todos os Dias

Talvez seja fácil para as pessoas encontrar motivos para *não* doar. Mas é muito fácil também achar motivos *para* doar. Procure uma causa que faça você se sentir compelido. Ache uma necessidade urgente. Procure por um grupo que esteja causando impacto. Busque líderes que você conheça e nos quais acredite. Faça doações às organizações que respeita e confia. Elas estão todas ao seu redor, você só precisa fazer disso uma prioridade.

Encontre Pessoas Para Receber Todos os Dias

D. L. Moody, fundador do Instituto Bíblico Moody, disse: "Faça todo o bem que puder, a todas as pessoas que puder, de todas as formas que puder, enquanto puder". O mais importante é que o alvo da sua generosidade nunca devem ser causas, instituições, ou organizações, mas indivíduos.

Há pessoas com necessidades para qualquer lugar que você olhe. Você não precisa viajar metade do mundo ou mandar um cheque para fora do país para ajudar e servir outras pessoas, entretanto não há nada de errado em fazer essas coisas. Mas há muita gente por perto que pode ser beneficiada com o que você tem a oferecer — em sua cidade, na sua própria vizinhança, até mesmo próximo à sua casa. Ser generoso significa manter seus olhos abertos para ver oportunidades de ajudar a qualquer um, seja assumindo o papel de orientador em uma faculdade, alimentando uma pessoa sem-teto, compartilhando sua fé com um amigo ou passando tempo com seus filhos. O líder pela luta dos direitos civis Martin Luther King Jr. disse: "A questão mais persistente e urgente da vida é 'o que você está fazendo pelos outros?'. A sua resposta para essa pergunta é a medida da sua generosidade. E quanto mais generoso você for, maior a sua oportunidade de fazer algo pelos outros.

Sua Decisão em Relação à Generosidade Hoje

Qual o seu posicionamento em relação à generosidade hoje? Pergunte-se estas três coisas:

1. Já tomei a decisão de começar a ser generoso e investir nisso diariamente?
2. Em caso afirmativo, quando tomei essa decisão?
3. O que decidi exatamente?

Disciplinando-se Para Ter Uma Atitude Generosa Diariamente

Com base na atitude que tomou no que diz respeito à generosidade, qual disciplina você precisa praticar *hoje e sempre* para ser bem-sucedido?

11

Valores

Cresci em um lar no qual valores importantes eram ensinados e vividos, mas não tomei uma decisão consciente de adotar bons valores e vivê-los até 1970, quanto tinha vinte e três anos de idade. Naquele ano li *Liderança Espiritual*, de J. Oswald Sanders.[35] Isso mudou minha vida. Até aquele momento eu havia sido um líder que ouvia a opinião de todo mundo, preocupado em agradar as pessoas. Eu as liderava de acordo com o que me tornaria mais popular. Noventa por cento do tempo isso não era um problema. Mas nos momentos em que era necessária uma verdadeira atitude de líder, quando realmente precisava fazer algo que não agradaria, eu hesitava. Ler o livro escrito por Sanders me fez perceber que não estava liderando de acordo com meus valores e isso me ajudou a ter coragem para fazer a coisa certa, mesmo que ela não agradasse às pessoas. Assumi um propósito: ***tomarei minhas decisões como líder baseado nos valores que adotei.***

Ainda tenho meu exemplar de *Liderança Espiritual* guardado, porque ele me marcou. Na contracapa, escrevi três coisas que me comprometi a fazer e isso moldou o meu caráter. O livro me desafiou a:

1. **Ser um homem de Deus:** não importa aonde o meu trabalho me leve, quero estar no centro da vontade de Deus.
2. **Desenvolver meu potencial até minhas habilidades serem as melhores possíveis:** nunca me darei ao direito de ser preguiçoso, indiferente ou descompromissado no que diz respeito a pessoas espiritualmente perdidas.
3. **Ser um verdadeiro líder espiritual:** Deus é meu ídolo, Jesus é o meu padrão e a Bíblia me dá direção. Muitos homens são líderes estereotipados. Toda a sua perspectiva está voltada para as pessoas que o cercam. Não serei, com a ajuda de Deus, uma pessoa moldada por outro homem ou por ensinos nos quais não acredito.

Por trinta e quatro anos, tenho continuamente me feito esta pergunta: "Tenho liderado as pessoas de acordo com meus valores?". Algumas vezes, minha liderança baseada em valores tem me afastado das pessoas, mas nunca daquilo que acredito.

TOMANDO A DECISÃO DE ABRAÇAR E PRATICAR BONS VALORES DIARIAMENTE

O comediante Fred Allen disse: "Só se vive uma vez. Mas se você agir da forma correta, uma vez é o suficiente". Como as pessoas podem agir da forma certa? Conhecendo seus valores e vivendo de acordo com eles todos os dias. Faça isso, e terá poucos arrependimentos no fim de sua vida. Aqui estão algumas sugestões para começar:

Crie Uma Lista de Bons Valores

Comece escrevendo todas as ideias que você tem relacionadas a valores. Liste todas as qualidades de caráter admiráveis em que possa pensar. Quando pensar em um aspecto de sua vida, tente captar o que é importante para você a respeito dessa área. Em última análise, seus valores não devem ser determinados por coisas externas, como sua profissão ou o ambiente em que vive, mas ao considerar tais coisas, você será estimulado a ser criterioso naquilo que pensa.

Quando achar que já esgotou todas as ideias possíveis, deixe a lista um pouco de lado, mas continue visualizando-a mentalmente. Quando vierem novas ideias, adicione-as à lista. Talvez você queira ler um pouco para estimular seus pensamentos e ver se esqueceu de algo.

Depois de algumas semanas, comece a combinar as ideias de sua lista (Por exemplo, "sinceridade" e "integridade" realmente combinam.). Então, reduza a lista ao máximo. É impossível pôr em prática vinte ou cinquenta princípios, por isso é necessário que você comece a eliminar alguns. Quais itens de sua lista são baseados na verdade e nos seus maiores ideais? Quais verdadeiramente representam o coração do seu ser? Quais serão duradouros? Por quais deles você estaria disposto a viver? E morrer? Comece a eliminar tudo o que for superficial e passageiro. Se for casado, envolva seu cônjuge no processo. Suas listas de valores podem não ser idênticas, mas elas devem ter muito em comum. E se seu cônjuge parecer estar em desacordo com algum desses valores, tome cuidado. É preciso que conversem sobre eles e descubram qual o verdadeiro posicionamento de vocês, caso contrário sempre haverá um motivo de conflito em seu casamento.

Abrace esses Bons Valores

Anos atrás, meu amigo Jim Dobson, o fundador do ministério Focus on the Family (Foco na Família), fez o discurso de colação de grau na Seattle Pacific University. Nele, falou sobre a crise de meia-idade que muitas pessoas vivem entre os trinta e cinco e cinquenta anos: "Acredito que esse é um fenômeno provocado muito mais por um sistema de valores errados do que algo relacionado à faixa etária em que ocorre. De repente você percebe que a escada em que estava subindo está apoiada contra a parede errada". Esclarecer e abraçar seus valores pode evitar que coisas como essas aconteçam a você.

Tome a Decisão de Viver esses Valores Diariamente

Verdadeiras mudanças de vida começam quando você decide mudar seu sistema de valores, porque isso é fundamental para qualquer coisa em que esteja envolvido. Meu amigo Pat Williams, vice-presidente sênior do parque de diversões Orlando Magic, me disse que quando perguntavam a Roy Disney sobre o segredo do sucesso da Disney, ele costumava dizer que a empresa era administrada de acordo com valores, o que tornava a tomada de decisões algo fácil. Isso também é verdade para um indivíduo.

O físico Albert Einstein advertiu: "Não tente se tornar um homem de sucesso. Em vez disso, torne-se um homem de valor". Por que ele diria tal coisa? Porque sabia que ter valores mantém a pessoa focada em coisas importantes. Isso leva a uma melhor qualidade de vida, a uma vida íntegra. Além disso, se você se concentrar em seus valores, é provável que o sucesso o siga de qualquer maneira.

ADMINISTRANDO SEUS VALORES DE FORMA DISCIPLINADA

Administrar sua vida de acordo com seus valores não é fácil. Por quê? Porque seus valores serão testados diariamente por aqueles que não têm os mesmos valores. Pessoas negativas podem diminuí-lo quando você demonstrar uma atitude positiva. Aqueles que não possuem família talvez não entendam sua devoção à família. Pessoas incapazes de serem ensinadas não entenderão sua preocupação com o crescimento pessoal. E aquelas cujas prioridades são diferentes das suas irão tentar convencê-lo a segui-las ou a se comprometer de forma insensata.

Tento me disciplinar para lutar contra isso com uma atitude simples: ***todos os dias reviso e reflito sobre meus valores.*** Para me ajudar a fazer isso tenho uma cópia dos meus Doze Mandamentos Diários no meu "companheiro de reflexão", um caderninho que sempre levo comigo para que possa escrever ideias e anotar rapidamente lembretes de coisas para dizer a Margaret. Toda vez que abro o caderno, vejo aqueles doze princípios. Também faço comigo o teste dos doze minutos. Ao final de cada dia, passo um minuto revisando e refletindo a respeito de cada mandamento. Dessa forma, me mantenho nos trilhos e há menos possibilidades de que me desvie da prática dos Doze Mandamentos Diários.

Para tornar-se melhor em adotar e praticar seus valores, siga os seguintes conselhos:

Articule e Abrace Seus Valores Diariamente

Como administrar algo tão abstrato como os seus valores? Você começa transformando-os em algo concreto. Uma vez tendo criado sua lista de valores, escreva uma sentença para cada um descrevendo como pretende aplicá-lo em sua vida e que benefício ou direcionamento isso trará. Guarde esse documento em um lugar onde possa vê-lo todos os dias. Pense em seus valores frequentemente para ajudá-lo a absorvê-los. No decorrer do dia, quando tiver de tomar decisões, avalie suas opções de acordo com seus valores. E quando for apropriado, fale a respeito deles. Isso não apenas solidificará seus valores em sua mente como o ajudará a praticá-los, além de adicionar mais um nível de responsabilidade. Bons líderes no mundo dos negócios entendem a importância de falar de seus valores continuamente. Stew Leonard, presidente da rede de mercearias Stew Leonard's, diz que continuamente verbaliza o valor dos clientes da sua empresa. "Não vemos os clientes da maneira que vocês os veem", ele diz. "Nosso pessoal imagina cada um de nossos clientes com 50.000 dólares tatuados na testa". Como isso funciona? É uma simples questão matemática:

100 dólares	Valor médio que cada cliente gasta por semana
X 50	Número de semanas por ano que o cliente compra em sua loja
X 10	Número médio de anos que o cliente vive em sua cidade
= 50.000 dólares	O valor de cada cliente.[36]

Quando abraça seus valores de todo o coração e os articula continuamente, você aumenta consideravelmente as chances de conseguir vivê-los.

Compare Seus Valores Com Sua Prática Diária

A diferença entre saber e fazer algo é consideravelmente maior do que a diferença entre saber algo e ignorá-lo. Uma pessoa que identifica seus valores e os articula mas não os pratica é como um vendedor que promete algo ao cliente e depois não faz a entrega. Ele não tem credibilidade. Nos negócios, o resultado é que essa pessoa perde o emprego. Na vida, perde sua integridade.

Em 1995, Girish Shah, assistente na controladoria de uma divisão da revista Fortune 500, foi acusado de causar um desfalque de 988.000 dólares na empresa por um período de mais de oito anos. Ele não contestou a acusação na corte, e estava preparado para devolver 728.000 dólares imediatamente e pegar emprestado o dinheiro que faltava com parentes para devolver o resto. O Diretor Executivo da empresa ficou indignado. Ele escreveu para os oficiais da corte:

> Vejo o crime do Sr. Shah como algo particularmente chocante. Ele não apenas roubou dos acionistas da Fortune 500, como também rompeu com a responsabilidade fiduciária posta sobre ele pela empresa e seus supervisores... Encorajo que façam o Sr. Shah e outros que cometerem crimes similares a entender que ações equivocadas desta natureza contra a sociedade são consideradas algo grave pela corte do Texas e não serão toleradas.[37]

Sabe o que foi irônico a respeito dessa declaração? Ela foi feita pelo diretor executivo da Tyco, Dennis Kozlowski, o homem que mais tarde foi acusado de roubar 600 milhões de dólares dessa mesma empresa com a ajuda de mais dois executivos.[38]

Evidentemente essa falta de coerência entre valores e prática era um padrão. Kozlowski costumava gabar-se sobre como ele era cuidadoso com o dinheiro da empresa. Frequentemente falava com orgulho sobre os escritórios da companhia que seguiam uma disciplina e sobriedade admiráveis enquanto ele mantinha escritórios que esbanjavam dinheiro em outras localidades.

A discrepância entre valores e ações gera caos na vida de uma pessoa. Se fala sobre seus valores, mas é negligente com o seu proceder, então você irá continuamente minar sua integridade e credibilidade. E isso acontecerá mesmo se não tiver consciência de seu comportamento e se não estiver fazendo isso intencionalmente.

Viva Seus Valores de Modo Independente dos Seus Sentimentos

Muitas pessoas se metem em problemas quando seus valores e sentimentos se chocam. Quando você está se sentindo bem e tudo está indo como você quer, não é difícil viver seus valores de forma consistente. No entanto, quando seus valores determinam que você deve tomar uma decisão que irá feri-lo ou que terá um custo, pode ser difícil continuar.

Se um de seus valores é a integridade e você encontra uma bolsa cheia de dinheiro no meio da rua, com o nome de um banco escrito nela e que você suspeita ter sido roubada, provavelmente não teria muita dificuldade em entregar esse dinheiro para a polícia. Mas e se visse seu chefe roubando da empresa e soubesse que chamar a atenção para esse fato provavelmente faria com que você fosse demitido? Essa escolha seria mais difícil, especialmente se soubesse que perder o emprego poderia custar a sua casa ou arruiná-lo financeiramente.

Pessoas bem-sucedidas fazem o que é certo independentemente de como se sentem em relação a isso. Elas não esperam sentir que chegou a hora de agir. Agem primeiro e depois esperam que seus sentimentos façam o mesmo. Normalmente isso não envolve nada dramático. As decisões difíceis são as que tomamos no dia a dia. Por exemplo, se ser saudável é um dos meus valores, farei exercícios mesmo que não sinta vontade pela manhã? Irei me privar de comer um pedaço grande de bolo de chocolate mesmo que queira muito? Para que eu seja bem-sucedido, meus valores — não meus sentimentos — precisam controlar minhas ações. Ken Blanchard e Norman Vincent Pale escreveram em *O Poder da Administração Ética*: "Talvez pareça que os bonzinhos sempre chegam em último lugar, mas normalmente eles estão participando de uma corrida diferente".[39] Viver de acordo com seus valores é participar de uma corrida diferente.

Avalie-se Todos os Dias à Luz de Seus Valores

A maioria das pessoas quase não gasta tempo refletindo, ainda que isso seja necessário para qualquer pessoa que queira viver de acordo com seus valores e de forma consistente. Ben Franklin costumava levantar-se pela manhã perguntando-se: "Que bem farei hoje?". Quando ia para a cama, perguntava-se: "Que bem fiz hoje?". Ele estava se autoavaliando à luz de seus valores. Por muitos anos tenho tentado fazer algo semelhante. No final do dia, reflito se agreguei valor à vida de alguém, porque isso é algo que quero fazer diariamente.

Sua Decisão Em Relação Aos Seus Valores Hoje

Qual o seu posicionamento em relação aos seus valores hoje? Pergunte-se estas três coisas:

1. Já tomei a decisão de abraçar e praticar bons valores diariamente?
2. Em caso afirmativo, quando tomei essa decisão?
3. O que decidi exatamente?

Disciplinando-Se Em Relação Aos Seus Valores Diariamente

Com base na atitude que tomou no que diz respeito aos seus valores, qual disciplina você precisa praticar *hoje e sempre* para ser bem-sucedido?

12

Crescimento

Em 1974, algo crítico que mudaria minha vida para sempre aconteceu. Encontrei Kurt Kampeir, da empresa Success Motivation ("Motivação para o Sucesso"), para um café da manhã em Lancaster, Ohio. Enquanto comíamos, Kurt propôs uma pergunta. "John, qual é o seu plano de crescimento pessoal?".

Como nunca fico sem ter o que falar, tentei achar coisas na minha vida que poderiam significar crescimento. Falei com ele sobre as atividades financeiras nas quais estava engajado durante a semana. E fiz um discurso sobre como trabalhava duro e os ganhos da minha organização. Devo ter falado por uns dez minutos, até finalmente meu gás acabar. Kurt ouviu pacientemente, e então finalmente sorriu e disse: "Você não tem um plano de crescimento pessoal, não é mesmo?".

"Não", eu finalmente admiti.

"Sabe, crescimento não é um processo automático", Kurt disse de forma simples.

Foi então que percebi: não estava fazendo nada intencional ou estratégico para tornar-me uma pessoa melhor. E naquele momento, tomei uma decisão: ***irei desenvolver e seguir um plano de crescimento pessoal para a minha vida.***

Naquela noite, fui para casa e falei com Margaret sobre a minha conversa com Kurt e o que aprendi naquele dia. Mostrei a ela os livros de exercício e fitas que Kurt estava vendendo. Sabia que aqueles recursos poderiam nos ajudar a crescer. O custo total era de 745 dólares, uma soma grande para nós naquela época. Não podíamos nos dar ao luxo de comprar — mas também não podíamos nos dar ao luxo de não comprar. Até aquele momento sempre havia acreditado no meu próprio potencial, mas nunca tinha pensado em ter uma forma de aumentá-lo e alcançá-lo. Reconhecemos que Kurt não estava apenas tentando nos vender algo. Ele estava nos oferecendo uma forma de mudar nossas vidas e alcançar nossos sonhos.

Algumas coisas importantes aconteceram naquela noite. Primeiro, demos um jeito de conseguir com muito esforço o dinheiro para comprar aquele material. Isso exigiria que fizéssemos sacrifícios em nosso orçamento já apertado para os próximos seis meses. Mas o mais importante: Margaret e eu nos comprometemos a crescer juntos como casal. Daquele dia em diante, aprendemos juntos, viajamos juntos e sacrificamos juntos para que pudéssemos crescer. Foi uma decisão sábia. Enquanto muitos casais se afastavam, nós estávamos crescendo juntos.

TOMANDO A DECISÃO DE BUSCAR E EXPERIMENTAR CRESCIMENTO DIARIAMENTE

Se você está pronto para tomar a decisão de buscar crescimento e experimentar o aperfeiçoamento todos os dias, então faça o seguinte:

Responda à Seguinte Pergunta: Qual é o Meu Potencial?

Vi uma história sobre um médico de Saint Louis que conheceu um jovem no ensino médio que havia perdido a mão e o pulso. Quando o médico perguntou sobre sua deficiência, o adolescente respondeu: "Senhor, não tenho uma deficiência. Apenas não tenho uma mão". Posteriormente o médico descobriu que o jovem era um dos melhores jogadores de futebol americano de seu colégio.

A maior deficiência que uma pessoa pode ter é não perceber seu potencial. Quais sonhos você tem que estão apenas esperando para serem realizados? Que dons e talentos há dentro de você esperando para serem externados e desenvolvidos? A diferença entre a sua visão e a sua realidade de hoje só pode ser mudada por meio do compromisso de maximizar seu potencial.

Comprometa-se a Mudar

O autor William Father disse: "A única emoção que vale a pena é aquela que se sente quando tentamos fazer algo por nós mesmos". Mas para fazer algo por si mesmo, é preciso estar disposto a mudar, porque sem mudança não pode haver crescimento. O problema é que a maioria das pessoas quer que as coisas continuem iguais e ainda assim se tornem melhores. Obviamente, isso é impossível. Se você realmente quer crescer, então comprometa-se a não apenas aceitar a mudança, mas a buscá-la.

Determine Alvos de Crescimento

Quando comecei a buscar crescimento pessoal usando o material de Kurt Kampmeir, procurava um plano de crescimento que era fundamental em vez de um específico. Isso não foi um problema na época. Tinha por volta dos meus vinte e cinco anos e estava apenas começando. Mas à medida que fui envelhecendo, ficando mais experiente e progredindo em minha carreira, comecei a focar meu crescimento em algumas poucas áreas. Uma delas era comunicação. Isso fazia sentido para mim, não apenas porque falava para plateias quatro ou cinco vezes por semana, mas também porque possuía alguma habilidade natural nessa área. Outra área foi liderança — algo que precisava fazer bem todos os dias de minha vida para ser bem-sucedido em minha carreira.

Enquanto planeja seu crescimento, será muito benéfico para você manter-se focado. Peter Drucker, pai da Administração moderna, disse: "O grande mistério não é as pessoas fazerem as coisas mal, mas o fato de ocasionalmente fazerem algumas coisas bem. A única entidade universal é a incompetência. Pontos fortes são sempre específicos. Ninguém nunca comentou, por exemplo, que o grande violinista Jascha Heifetz provavelmente não tocava trompete muito bem".[40] No capítulo sobre prioridades, encorajei você a focar suas prioridades em três áreas principais: exigência, retorno e recompensa. Você deve usar o mesmo critério para o seu crescimento pessoal. Concentre-se em crescer nos seus pontos mais fortes, não nos pontos fracos. E cresça em áreas que irão lhe agregar valor pessoalmente e profissionalmente.

Aprenda a Aproveitar a Jornada

Eugene Griessman, autor de *The Path to High Achievement* (O Caminho para Grandes Realizações), diz que a maioria dos grandes mestres do xadrez aprendem e reaprendem movimentos de xadrez e combinações por um período de mais de quinze anos até ganhar seu primeiro título mundial. Isso é um quinto do que a maioria das pessoas vive. Se você vai passar tanto tempo aprendendo algo, então é melhor aprender a gostar disso. Se o destino o atrai, mas você não é capaz de apreciar a jornada que o levará até lá, seria sábio reexaminar suas prioridades para ter certeza de que estão corretas.

Coloque-se em Um Ambiente Propício Para o Crescimento

Frequentemente me pergunto o que teria acontecido se, quando fui para casa conversar com Margaret depois de encontrar Kurt Kampmeir, ela dissesse que não queria crescer comigo e que 745 dólares era muito dinheiro a ser pago por aquele kit de crescimento. Pergunto-me porque sei que sua companhia e parceria foram fundamentais na jornada de nosso crescimento pessoal e fez toda a diferença para mim. Trabalhando juntos para nos aperfeiçoarmos, criamos um ambiente propício para o crescimento, que nos ajudou a alargar nossos horizontes e viver uma vida que nunca imaginamos possível assim que nos casamos. E esse ambiente permaneceu enquanto criávamos nossos filhos. Enquanto Elizabeth e John Porter estavam crescendo, o crescimento mental, emocional e espiritual deles era a nossa maior prioridade.

Disseram-me que certas espécies de peixes crescem de acordo com o ambiente em que estão. Coloque-os em um pequeno aquário e eles continuam pequenos mesmo quando se tornam adultos. Deixe-os em um ambiente natural com muita água, e eles crescerão até alcançarem o tamanho pretendido. Pessoas são semelhantes. Se viverem em um ambiente hostil e limitado, continuam pequenas. Mas coloque-as em um ambiente que encoraje o crescimento e elas irão se expandir até alcançar seu potencial.

ADMINISTRANDO SEU CRESCIMENTO COM DISCIPLINA

Depois que terminei de usar o material de Kurt Kampmeir, estava faminto por mais crescimento. Foi aí que tomei a decisão de ser disciplinado em relação ao meu crescimento: ***todos os dias crescerei conscientemente, de acordo com meu plano.*** Margaret e eu continuamos a crescer juntos, mas cada um de nós também começou a elaborar planos de crescimento de acordo com nossos pontos fortes e nossas necessidades. Uma das coisas que acontecem quando se aprende algo é que você percebe o quanto ainda precisa caminhar, e quanto mais aprendíamos, mais ficávamos com fome de crescimento.

Enquanto você se prepara para tornar-se disciplinado em seu crescimento, quero encorajá-lo a fazer o seguinte:

Faça da Ideia de Crescer em Alguma Área Todos os Dias um Objetivo

Em 1972, John Naber, um nadador que estava no ensino médio, assistiu às Olimpíadas na televisão e se sentiu inspirado. Ele já era um excelente nadador, mas começou a pensar em tornar-se um atleta de calibre olímpico. Chegou à conclusão de que teria que diminuir seu tempo em quatro segundos num período de quatro anos. Para você e eu, isso pode não parecer muito difícil, porque ainda temos muito o que caminhar.

Mas para alguém como Naber, que já era muito bem treinado, isso parecia impossível. Corredores de elite pensam em melhorar frações de segundo. Pensando sobre esse fato, ele, de repente, percebeu como realizar a tarefa. Se planejava treinar dez meses por ano nos próximos quatro anos, então teria que melhorar seu tempo em um décimo de segundo todo mês.

Esse ainda era um grande desafio, mas ele creu que podia fazê-lo e estar pronto para as Olimpíadas de 1976.

Naber teve a ideia certa. E ela funcionou. Voltou para casa com cinco medalhas, quatro delas de ouro. E se eu e você queremos ser bem-sucedidos em nosso crescimento, precisamos adotar uma forma de pensar semelhante. Se desejarmos melhorar um pouco todos os dias e fizermos planos de acordo com isso, então podemos fazer um grande progresso em longo prazo.

Tenha Tempo e Um Plano de Crescimento

Uma das minhas citações preferidas sobre crescimento pessoal é do escritor e orador Earl Nightingale. Eu a li por acaso mais de vinte anos atrás, e ela me impactou profundamente. Nightingale disse: "Se uma pessoa gastar uma hora por dia com o mesmo assunto durante cinco anos, essa pessoa se tornará um *expert* naquele assunto." Essa citação mudou a forma como planejo meu crescimento pessoal. Comecei a passar uma hora, cinco dias por semana, estudando sobre liderança. Com o passar do tempo, essa prática mudou a minha vida.

Para tornar seu crescimento intencional, estratégico e eficiente, você precisa pensar nele com cuidado e planejá-lo bem. Compartilharei com você como planejo meu crescimento:

- **Ouço lições de áudio toda semana:** em primeiro lugar, estou sempre procurando por boas fitas ou CDs de ensino. Toda semana, ouço sete lições de áudio. Normalmente, seus conteúdos dividem-se dessa forma: quatro são regulares, dois são de bom a excelente e talvez apenas um seja extraordinário (se uma lição é ruim, eu desligo o aparelho de som depois de cinco minutos). Para cada fita, tento determinar qual o item que posso aplicar de forma imediata e penso um pouco para tentar tirar proveito dele. E tenho cada uma das lições que são extraordinárias transcritas para que possa lê-la, sublinhá-la e extrair tudo o que for precioso dela.

- **Leio dois livros por mês:** se fosse ao meu escritório, você veria duas pilhas de livros em cima da mesa de trabalho próximo a minha escrivaninha. Eles estão divididos em dois grupos e leio um de cada grupo por mês. A primeira pilha é de livros excelentes que eu espero que causem um grande impacto em mim. Durante o mês, passo muito tempo lendo esse tipo de livro, digerindo suas ideias, marcando as páginas, retirando ideias e pensando em como posso aplicar os conceitos à minha vida (também arquivo o que aprendo — explicarei isso daqui a pouco). A segunda pilha contém livros comuns que pretendo ler rapidamente. Eles talvez ofereçam alguns conceitos que quero absorver rapidamente, mas não exigem uma leitura cuidadosa.
- **Marco uma reunião todo mês:** uma das coisas pelas quais espero mais ansiosamente é poder ouvir e aprender com os outros. Então, todo mês marco uma reunião com alguém que possa me ajudar a crescer. Antes do encontro, preparo uma lista de perguntas que correspondem a uma área na qual preciso crescer e na qual aquela pessoa alcançou sucesso. Também faço qualquer outro dever de casa que acho que talvez possa ser necessário, tal como ler qualquer livro que a pessoa escreveu, mas o sucesso da entrevista é determinado mais pelas questões que preparei. Minhas conversas com John Wooden, das quais falei no primeiro capítulo, foram o resultado de uma dessas reuniões. Foi um momento de tremendo fortalecimento

para mim. Sempre que passo tempo com grandes pessoas, espero aprender coisas grandes com elas.

Enquanto planeja sua estratégia para crescimento e separa tempo para isso, não esqueça que quanto mais você cresce, mais específico deve ser o crescimento de acordo com suas necessidades e pontos fortes. E toda vez que descobrir que um livro, uma fita ou conferência não possui o valor que você esperava, siga adiante. Não perca tempo com nada de baixo valor.

Arquive o que Aprender

Preciso admitir: guardo coisas compulsivamente. Qualquer coisa que encontro e acho que pode ser valioso para o meu futuro — para aprender, ensinar ou escrever — eu arquivo. Quando escuto uma fita ou um CD excelente e os tenho transcritos, arquivo citações retiradas deles. Se o material é realmente bom, talvez arquive a transcrição inteira. Quando leio um livro, marco todas as citações que quero guardar e anoto rapidamente sob qual categoria devo arquivá-la. Se você olhar a parte da frente de cada bom livro que leio, verá uma lista de números de páginas e categorias escrita nela. Quando termino de usar o livro, dou para o meu assistente, que copia o material e o arquiva para mim. Tenho feito isso por quarenta anos!

Quero encorajá-lo a arquivar citações, histórias e ideias que encontra enquanto aprende. Esse material não apenas irá fazer com que acumule um excelente acervo para uso futuro, como também irá mantê-lo mais focado, forçará você a avaliar o que está lendo e o ajudará a deixar de lado o que não é bom e ir direto para as coisas boas, que irão estimulá-lo e ajudá-lo a crescer.

Aplique o que Aprender

Mike Abrashoff, autor de *Este Barco Também É Seu*, diz: "Subir não é fácil. Desafia a lei da gravidade, tanto magnética quanto cultural".[41] Frequentemente a parte mais difícil da escalada do crescimento é pôr em prática o que se aprendeu. Ainda assim é aí que está o verdadeiro valor. O teste final de qualquer aprendizado é sempre a aplicação. Se o que está aprendendo pode ser usado de alguma forma para ajudar no seu aperfeiçoamento ou no das outras pessoas, então vale a pena o esforço.

Sua Decisão em Relação ao Seu Crescimento Hoje

Qual o seu posicionamento em relação ao seu crescimento hoje? Pergunte-se estas três coisas:

1. Já tomei a decisão de buscar e experimentar o aperfeiçoamento diariamente?
2. Em caso afirmativo, quando tomei essa decisão?
3. O que decidi exatamente?

Disciplinando-se em Relação aos Seu Crescimento Diariamente

Com base na atitude que tomou no que diz respeito ao seu crescimento, qual disciplina você precisa praticar *hoje e sempre* para ser bem-sucedido?

CONCLUSÃO

Você realmente pode tornar o dia de hoje excelente. A chave é tomar as decisões mais importantes de sua vida e então administrá-las. Qualquer pessoa que faça isso de forma consistente pode fazer do dia de hoje uma obra-prima.

Espero que a ideia dos *Doze Mandamentos Diários* não o tenha sobrecarregado. Sei que você não pode lidar com todos eles ao mesmo tempo, então, aqui está minha sugestão. Primeiro, determine quais doze (ou dez, ou quinze) decisões são importantes para você. Comece com a minha lista de doze e modifique-a de acordo com a sua própria vida. Em seguida, comece a trabalhar nelas. A cada mês, escolha que decisão irá tomar e como irá administrá-la. Em um ano, estará surpreso com o quanto sua vida está focada e como ela está indo na direção que você deseja. Tornando o dia de hoje excelente, você pode tornar sua vida excelente, porque quando cuida do hoje, o amanhã cuidará de si mesmo.

NOTAS

1. Alec Mackenzie, *The Time Trap* (Armadilha do Tempo), Nova York: Amacom, 1997.
2. "Leading Causes of Death—2000" e "International Cardiovascular Disease Statistics", American Heart Association, Statistical Fact Sheets, www.americanheart.org, acessado em: 18 jul. 2003.
3. Bernie S. Siegel, *Peace, Love and Healing* (Paz, Amor e Cura), Nova York: HarperCollins, 1995.
4. "UC Berkeley Epidemiologist Wins Olympic Medal for Studies Showing Exercise Protects against Heart Disease", publicação da notícia, 1 jul. 1994, Escritório de Informação Pública da Universidade da Califórnia, Berkeley, www.berkeley.edu/ news, acessado em: 8 dez. 2001.
5. "Building a Better Dad", *Today's Health and Wellness*, 26.
6. "New Report Sheds Light on Trends and Patterns in Marriage, Divorce, and Cohabitation", National Center for Health Statistics, www.cdc.gov/hchs/releases/02news/div_mar_cobah.htm, acessado em: 19 jun. 2003.
7. "Profile for United States: Indicators of Child Well Being", Kids Count, www.aecf.org, acessado em: 19 jun. 2003.

8. Matthew Cooper, “Going to Chapel”, *Time*, 10 jun. 2002, 31.
9. Executive Leadership Foundation, Inc., *Absolute Ethics: A Proven System of True Profitability* (Tucker, GA,1987), 18.
10. Norman Vincent Peale, *The Power of Positive Thinking* (O Poder do Pensamento Positivo), Nova York: Ballantine Books, 1996.
11. James Allen, *As a Man Thinketh* (O Homem É Aquilo que Ele Pensa), Camarillo, CA.
12. *Leadership*, Primavera de 2001, 83.
13. John C. Maxwell, *Thinking for a Change: 11 Ways Highly Successful People Approach Life and Work* (Nova York: Warner Books, 2003).
14. Anne Lamott, *Bird by Bird: Instructions on the Writing Life* (Landover Hills, MD: Anchor, 1995).
15. *Leadership*, Primavera de 2001, 84.
16. Filipenses 4.8
17. “The Fall of France”, www.leesaunders.com/html/FoFrance.htm, acessado: em 15 ago. 2003.
18. Winston Churchill, *The Wit and Wisdom of Winston Churchill*, editado por James C. Humes, Nova York: Harper Perennial, 1994, 121.
19. Henry W. Longfellow, “The Ladder of St. Augustine”.
20. Warren Wiersbe, *In Praise of Plodders*, Grand Rapids: Kregel, 1991.
21. Arthur Gordon, *A Touch of Wonder* (Um Toque de Beleza), Jove Publications, 1991.
22. Citado em Leslie E. Royale, “Debt Free Is the Way to Be”, *Black Enterprise*, Outubro 2002, www.findarticles.com, acessado em: 22 jul. 2003.

23. *Ibid.*
24. Citado no seminário de Ron Blue para o *USA Today*, 7 jan. 1997.
25. James Surowiecki, "People of Plenty", *Fast Company*, março de 2003, 32.
26. John Noble Wilford, "Oldest Planet Is Revealed, Challenging Old Theories", *New York Times*, 11 jul. 2003, www.nytimes.com.
27. Tiago 4.8 NVI.
28. Dale Carnegie, *How to Win Friends and Influence People* (Como Fazer Amigos e Influenciar Pessoas), Nova York: Simon e Schuster, 1936.
29. Tom Peters e Nancy Austin, *A Passion for Excellence: The Leadership Difference* (A Paixão pela Excelência: A Diferença da Liderança), Nova York: Warner Books, 1989.
30. Leo Buscaglia, *Loving Each Other: The Challenge of Human Relationships* (Amando uns aos Outros: O Desafio das Relações Humanas), Nova York: Ballantine, 1990.
31. Mateus 6.21 NVI.
32. "Numbers", *Time*, 13 jan. 2003, 17.
33. "Numbers", *Time*, 6 dez. 2002, 21.
34. *U.S. News and World Report*, 22 dez. 1997.
35. J. Oswald Sanders, *Spiritual Leadership* (Liderança Espiritual).
36. Roger Dow, *ICSA Journal.*
37. Associated Press, "Tyco's Kozlowski Took Hard Line Against Embezzling Crimes", Seattle Times, 1 jan. 2003, www.seattletimes.com.

38. Barbara Ross, Roberty Gearty e Corky Siemaszko, "The Great Tyco Robbery", *New York Daily News*, 12 set. 2002, www.nydailynews.com.
39. Ken Blanchard e Norman Vincent Peale, *The Power of Ethical Management* (O Poder da Administração Ética), Nova York: William Morrow,1988.
40. Peter Drucker, Quotes on Focus, www.leadershipnow.com, acessado em: 24 nov, 2003.
41. Mike Abrashoff, It's Your Ship: *Management Techniques from the Best Damn Ship in the Navy* (Este Barco Também É Seu), Nova York: Warner Books, 2002.

SOBRE O AUTOR

JOHN C. MAXWELL é um conferencista e escritor reconhecido internacionalmente que já vendeu mais de 13 milhões de livros. Todos os anos, ele fala para diversas empresas que figuram na lista das 500 maiores da revista *Fortune*, além de líderes de governos internacionais e organizações tão diversificadas quanto a Academia Militar dos Estados Unidos em West Point e a Liga Nacional de Futebol Americano. Suas organizações já treinaram mais de dois milhões de pessoas em todo o mundo. Ele foi eleito autor best-seller pelos jornais New York Times e Wall Street Journal e também pela revista Business Week. Maxwell foi nomeado o Maior Guru de Liderança no Mundo pela Leadershipgurus.net. Foi também um dos 25 artistas e autores nomeados pelo Hall da Fama do décimo aniversário da Amazon.com. Três de seus livros, *As 21 Irrefutáveis Leis da Liderança*, *Desenvolva sua Liderança* e *As 21 Indispensáveis Leis da Liderança*, venderam cada um mais de um milhão de cópias.